ファスト・カレッジ
大学全入時代の需要と供給

高部大問
Takabe Daimon

小学館新書

まえがき

大学のセンセイのストレスの原因が何か知っていますか？

実は、大学のセンセイのストレスの原因は、なんと「教育」なのです。好きな研究をするために「致し方なくさせられている面倒な仕事」くらいにしか本音では考えていない。

いきなりショッキングな表現でびっくりされたかもしれませんが、10年間、大学の事務職員として接してきた偽らざる実感です。

悲劇はここで終わりません。

さらに残念なことに、一部の志ある学生を除けば、学生もまた、別に学問なんてしたいとは思っていません。周りのみんなも行くし、保護者やセンセイも煩《うるさ》いし、大学くらい出ておかないと仕事の待遇も世間体も悪そうだから出ておこう、くらいにしか本音では考えていない。

ここに、花より団子を求める両者の思惑が見事に一致し、取引が成立します。最高学府を舞台とした、金銭と学位の「なるはや」な取引が。無論、相手が誰でどんな人物かなど、互いに興味はありません。

私は、都内の小規模な私立大学で事務職員をしています。自分の経験も然《さ》ることながら、地域の西から東まで、偏差値の上から下まで、規模の大から小まで、種々様々な大学の学生・教員と交流すると、多くの大学で共通した事象が起きていることに気づきました。

なるほど、大学を舞台にした事件やニュースは不定期に取り上げられます。過去には理事長や教員、学生が大学内の事件で逮捕されたり、ハラスメント問題が起きたり、入試における性差別の問題まで発覚したりしました。そして、その度ごとに、大学のあり方への批判の声が高まります。やれ、ガバナンス体制を強化すべきだの、教授の論文の被引用数が悪いだの、世界ランキングで何位以下だの。

そうしたことも、大学の外側から見える一面の事実ではあるでしょう。しかし、大学の内側から見える景色はほとんど取り上げられません。

ということは、ほとんどの人が実態を片側からしか把握せずに大学を選択し、卒業し、分析し、批判し、議論し、改革しているということです。

たとえば、「学生のため」という大学教員の口癖がただのフェイクであること、「なってはいけない人」が大学教員になれてしまっていること、彼らが驚くほど授業を手抜きしていること、教育者としての能力よりも管理者としての能力の方が評価されつつあることなど、大学に勤める私が日々感じている問題点は、ほとんど取り上げられません。

この半世紀で2倍以上に膨れ上がった大学は、それだけ大量の大学教員も必要としました。数を増やせば質は自動的に維持・向上するでしょうか。大学を創れば創るほど、有益な研究や優秀な人材は次から次に生まれるでしょうか。

曲がりなりにも最高学府です。最高の研究者と最高の教育者が、半世紀で2倍以上に増えるでしょうか。人はそんな簡単に育つものでしょうか。

大学に「こうあってほしい」というエールや「こうあるべき」というクレームの声を上げたい気持ちは分かります。しかし、最高の料理をリクエストしているその相手が、最高のシェフではなく、ファスト・フード店の店員だったとしたら？　大学教員や専門家という肩書に気を取られ、これまであまり振る舞いや行いを気に掛けてこなかったものの、実態はマニュアルに忠実なだけの量産型サラリーマンだったとしたら?

大学関係者からは「そこまで言っていいのか?」「わざわざバラすんじゃない!」「大学のセンセイを分析・評価するなどパンドラの箱を開けるようなものだ!」と咎められるかもしれませんが、大学は学問の場。学問とは問うことから始まるのですから、批判精神は当然自分自身にも向けるべきです。

希望すれば誰でも大学に入れる全入時代において、最高学府と呼ばれる公的機関の実態を、世間に知られてまずいはずはありません。まずい場合は、何かまずいことをしているからに他なりません。

大学には「自己点検・評価」という学校教育法で義務づけられた大仕事があるのですが、本作はまさに自己点検《セルフ・チェック》であり、自己批判です。

日本でトップの大学といわれてきた東大でさえ滑り止めにされ始め、いよいよ大学淘汰の足音が聞こえてきている今、大学進学や大学改革を急ぐ前に、大学の実態を、すなわち、大学で起きているリアルと大学のポテンシャルを把握しておくことは、マイナスにはならないはずです。

10年も大学現場に身を置くと、知りたくなくても知ってしまう内情があります。期せずして「潜入捜査」をしたようなものです。1日や2日、1人や2人、大学教員と付き合うだけでは分からない。有難い講演を聞いたり、堅苦しい論文を読んだりするだけでは分からない。短時間の取材や単発のインタビューだけでは知り得ず、10年間、事務職員として、大学教員と学生の狭間で、両者の本音と素顔に嫌というほど向き合わざるを得なかったからこそ目撃してきたリアル。

世の中には旅行者にしか分からない新鮮で斬新な視点もあるでしょうが、生活者にしか見聞きできない名もなき事件やニュースもあるもの。カメラで一瞬を切り取ることはできても、何気ない日常の驚くべき内幕は切り取れません。それらは、常にその場に居合わせ、立ち会い、両眼両耳で目撃しないと活写できないのです。

本作は、学生による大学への罵詈雑言でもなければ、教授による自画自賛でもありません。大学という舞台でW主演を張る両者を陰ながら支える事務職員が、舞台裏で何が起きているかを明け透けに語った見聞録です。黒子が見た真実を、どうぞ、ご賞味ください。

さて、今の大学はどうなっていますことやら。

目次

第1章

教員と学生の果てなきミスマッチ

大学教員は「お坊ちゃん」ばかり

昨今、大学教員になりたいビジネスパーソンの方が後を絶ちません。教えたがりが増えているからかもしれませんが、これから大学教員を目指す方は心しておいてください。社会人生活で得た知見・経験を優秀な学生に還元してやろうという意気込みは、あっけなく暖簾に腕押しで終わるかもしれないのです。

多くの大学は、既に泳ぎを覚えた相手に、さらに上達するための心技体を伝授する場ではありません。魚に泳ぎ方を教えて悦に入るような大学教員も少なくありませんが、そもそも泳げない学生や水を怖がる学生さえも相手にしなければならないのが実態なのです。

自分の専門分野についてぺちゃくちゃ口遊《くちずさ》めば学生に知的好奇心の火が灯る。そんな夢みたいな世界ではありません。ただのおしゃべりで人が育てば大学も教員も不要です。

口先や小手先で彼らは動かない。出来合いの知識の切り売りでは響かない。魅力的な先生の授業は、90分間、ほとばしるほどの汗でフルスロットルです。サッカー選手の試合後と同じくらいヘトヘトです。

夢見る大学教員を待ち受けるミスマッチのひとつ目は、学問を授ける相手である学生とのミスマッチです。学生が第一志望でない大学に渋々進学するのは「不本意入学」といわれてきましたが、今や大学側も「不本意選抜」なのです。しかし、ミスマッチはこれだけではありません。大学教員になってやりたかったはずのことができない。つまり、仕事ともミスマッチを起こしているのです。

10年くらいコンビを組むと、夫婦でも漫才師でも、互いの様々な面が見えてくるものです。本性や見たくない一面を含めて。私は大学に事務職員として10年間勤務していますが、相方である教員の色々な顔を嫌というほど見てきました。

私の所属する大学は小規模な私立文系の大学ですが、それ以外にも、偏差値でいえば上から下まで、分野でいえばド文系からバリバリの理系まで、設置区分でいえば国公私立を問わず、少なくない大学教員と接してきました。

素晴らしい先生方がいらっしゃる一方、真逆の先生方も少なくありません。後者に共通しているのは、「お坊ちゃん」という性質です。性差別しないようフェアにいえば、「お坊ちゃん」と「お嬢ちゃん」なのですが、まだまだ男性教員の方が多い業界ですので、便宜的に「お坊ちゃん」と表記させてください。

「お坊ちゃん」とは何か。スペインの哲学者・オルテガの『大衆の反逆』（ちくま学芸文庫）によれば、「『お坊ちゃん』は、家の外でも家の内と同じようにふるまうことができると考えている人間」であり、「自分の好き勝手にふるまえると信じている」人間です。

「学生のせい」にする

たとえば、研究費のほとんどを旅費に費やしたり、学生募集のための高校訪問と称して実家に帰省したり、論文も書かず少人数演《ゼ》習《ミ》も大して行わなかったり。こうした大学教員は1人や2人ではありません。

　その割に、自分のことは棚に上げて愚痴や文句は一丁前に口にします。イベント時の動線がダメだ、教室の装飾が物足りない、事務方のやる気がない。面接で近くに住んでいるのにキャンパスに来ずにオンライン面接を選ぶ時点でその受験生はいけ好かない、といった言い掛かりレベルも散見されます。この手の難癖をつけてくる大学教員は、クセが強すぎて手に負えません。

特に質《たち》が悪いと思うのは、学生のせいにする教員です。「学生の聞く態度がなっていないから私は教えられない」などは常套句。学生側に学ぶ気があって初めて教員側は教える気になれる。さながら取引です。私の教育力不足ではないですよ、彼らの学習力不足ですよ、という予防線を張るわけです。

学生と共同でSNSを盛り上げるというプロジェクトのタスクが軒並み目標未達だったある大学教員は、「学生の管理は難しくて、なかなか予定していたタスクも消化できず……」と会議の場で報告。その理由を問われると「学生のモチベーションが低くて」「学生のやる気や能力不足が原因です」と、堂々と責任転嫁し、自分の教育力不足の可能性には一切触れませんでした。

自分の至らなさを口走ると、原因追及や改善要求が飛んでくることを予見する能力にだけは長けているのでしょう。防衛本能が発動し、自分への批判をかわす策に出ます。

「学生に任せるリスクは多いと思いますので今後は検討課題かと思います。それと、この話に関連するんですが、最近は学生スタッフの出来がイマイチですよねー。正直、高校生は教員の授業よりも、先輩である在学生を見て入学を決めているのが確実です。ところが、学生スタッフが教育されていません。これは問題だと思います。もっとイキイキした在学生やテキパキ動ける在学生を投入すべきです」

　こうして、話題転換を図ります。今、多くの大学ではオープンキャンパスなどのイベント時のスタッフを学生が務めているのですが、彼らのオモテナシがイマイチだというのです。その学生を日々教育しているのが自分たちだということも忘れて。自分たちの教育はピカイチであると常日頃ドヤ顔で豪語していることと矛盾してしまうことにも気づかずに。オープンキャンパスの模擬授業を後ろで聞いていた学生スタッフが、途中退室しているのが目に入っていないのでしょう。「つまんなくて眠くなりましたわー」と欠伸をしていましたよ。スタッフが不味いという料理を、どうやって客に売れというのでしょうか、先生。オモテナシがイマイチなのは一体どちらの方なのか。

　この手の大学教員は、学生については語りますが、学生に向かっては語り掛けません。他人には努力せよと注意しますが、自分では努力しません。「隗《かい》より始めよ」がセオリーのはずが、一向に隗より始めない。他人に厳しく自分に甘い。

　他人についてならアウトもセーフも大声を出したがる審判ごっこに勤しむお坊ちゃん先

生は、決して自ら打席に立とうとはしないのです。

学生から「成績が絶対におかしい」

特別扱いの要求もお坊ちゃんの特徴のひとつです。アポなしで事務職員の部屋にズカズカ入ってきて「今ちょっといい？　時間貰える？」といって1時間以上話し込んでくるなど可愛いもの。面接やイベントなどの業務が多いから自分だけ減らしてほしいと耳打ちしてきたり、「（本当はただの帰省だけど）出張費よろしく」「今回だけ訪問記録のデータ入力よろしく」など、自分だけ特例扱いしてほしいとメールしてきたりするなども日常茶飯事。

「あの先生とは仲が良くないから面接官はペアにしないでね」など大人気ないオーダーも数多くあります。かまってちゃんは困ったちゃんです。

「今日は家のクリスマスパーティーでボクが帰らないと始まらなくて」「今日は子どもの晩ご飯を作らなきゃいけなくて」と言って、入試の責任者なのに入試当日に自分だけ早上がりするなんていう呑気な自由気ままもしばしば。

先生だからなんでも通ると思っている。先生だからなんでも許されると思っている。マイペースの押しつけをなんとも思わないのは、まさにお坊ちゃんです。

さらに、面接当日になんと無断欠席した面接官は、「集合時間などのメールはいつ送られましたか?」など開き直って事務方のせいにしたりもします。別の大学教員は、大学入学共通テスト(旧センター試験)の試験監督である旨を記したメールを無視し続け、留守電に連絡しても梨の礫《つぶて》。挙句、「メールは届いていないように思う」と白を切りました。約半月前に、別件では自分からメールをよこしてきたのに、です。

「届いていないように思う」ではなく、「届いていないか否か今すぐ確認せい」という話なのですが。メールを削除したのか迷惑メールフォルダに入っていたのか知りませんが、まったく、人騒がせで迷惑な方々です。

彼らに悪びれる様子は微塵もありません。お坊ちゃんの相手はなかなか骨が折れます。全国の大学には複雑骨折している事務職員も少なくないでしょう。

ある大学の教員は、学生から「成績が絶対におかしい。提出物を出したのに単位が貰えないのはおかしい」と抗議を受けましたが、全く取り合いませんでした。それどころか、

「センセイに間違いがあるとでもいうのか。与えられた結果に文句を言うでない」とお説教を始めたのです。

しかし、その後、年末の大掃除をしたときのこと。学生のレポートがその教員の引き出しの奥から出てきてしまいました。関係者は唖然。しかし、振り上げた拳の行き場に困ったのか、その教員は頑なに詫びませんでした。

この学生は無事卒業できたものの、この事実を知ったら憤慨するでしょう。医療ミスは事件になるのに、教育ミスは揉み消されます。

別のある教員は、2回目以降の授業に出席しなかった学生になぜか「A+」の最良成績を付け間違えました。その後ミスに気づいたこの教員はどうしたか。事務職員に駆け寄り、「これ、なんとか修正できる？　なんとかなる？」と迫ったそうです。

誤りを認めると権威が失墜するとでもお思いなのかもしれませんが、尊敬されている先生は無謬《むびゅう》だから尊敬されているのではありません。目指すのは無謬でも道中は可謬であることを自覚しているから尊敬されているのです。

学生と話していると、彼らが尊敬する大学教員には傾向があります。失敗を認めないとか、他人のせいにしない。既成事実を揉み消そうとか、なかったことにしようなどと往生際の悪いことはしない。真摯に受け止め、ジタバタせず、黙ってリトライする。その、人知れず努力する姿勢に、学生たちは感銘を受けるのです。

全知全能の神ではないのですから、どれほど権威があっても無謬なんてことはあり得ない。そんなことは学生も重々承知しています。政治家でさえ一応謝罪や陳謝を口にします。しかし、大学教員は決して詫びない人が実に多いのです。彼らは反省しません、頑なに。絶対に非を認めないのです。

なぜか。家の中だと勘違いしているからです。自分の思い通りにできると誤解しているからです。

大学教員は変わり者だとよくいわれます。たしかに、ある分野に没頭し、そのことに人生の全てを賭けている人は変わり者でしょう。それでこそ研究者。研究は世間ズレの免罪符です。しかし、変わり者と愚か者は違います。

お坊ちゃんは大きな家のなかに豪華な子ども部屋を持っているものです。大学教員の多くは個室の研究室が与えられていますから、一般のビジネスパーソンのように、すぐ隣に他人がいる状況で仕事をするだとか、自分のリズムやペースと無関係に電話が鳴るだとかいう状況が想像できません。許容できません。全て自分の思い通りにならないと嫌なのです。だから、お坊ちゃんなのです。

大学教員の言い訳は天下一品

お坊ちゃんは不思議と似たような常套句を口にします。大学教員と10年もコンビを組むと、学生時代には知りもしなかった彼らの思考回路が、その口癖から垣間見えます。少し、ご紹介しましょう。

彼らは、「できない理由」を喋らせたら何時間でも話せる天下一品の噺家です。「それは私の専門分野じゃないんで○○先生の方が詳しいかと……ちなみに私の専門はですね……」「その日は学会がありまして……そこでファシリテートしなければならず……この学会はですね……」「親の病院の付き添いがありまして、この病気のメカニズムをお伝えしておくと……」。言葉こそ小難しいですが、まるで子どもが長々と言い訳するようです。

ある大学教員は、入学試験の面接官業務を終えて理解不能なことを言い出しました。

「いや～すごくイイ女子生徒さんでした。でも、あまりに良すぎて、24時間のうちで面接での30分がどれくらいあるかな～というのが、ボクの懸念なんですよね～」

イヤイヤ、面接ってそういうものでしょう。一日中ばっちりメイクでいろということでしょうか。そもそも、24時間張り付かないと人を見定められないなら面接官などやるべきではないし、30分で見抜けるように工夫して問答するのが面接官の仕事でしょう。つまり、この面接官が宣言しているのは、「私には見抜くことができませんでした」というお手上げの状態であり、「見抜けなかったのは面接時間が短すぎたせいでござる」という、「できない理由」なのです。

作家の曽野綾子さんは『魂を養う教育　悪から学ぶ教育』（ＰＨＰ研究所）で、「できない理由を話す人はたいてい秀才である」と述べていますが、確かにお坊ちゃん先生は秀才であることに相違ありません。しかし、クイズ大会の勝者が善人とは限らないように、頭がいいのと人がいいのとは相違ありです。

あるとき、「先生方はもっと学会で発表するように」と学長から注意された大学教員たちは、一斉に「できない理由」を騒ぎ立てました。

「研究室が共同ってありえない」「公務が多いんで」「長期休暇《サバティカル》がないんですけど?」「研究費がもっとあれば……」

研究したくて大学教員になったはずなのに、なぜそんな大事なことを調べなかったのでしょう。本当に研究に没頭したければ、環境に文句は言わないか、事前に念入りに調べておくはず。研究者は一次情報が命だと言っているのに、なぜ自分の職場の一次情報を掻《か》き集めなかったのか。おまけに、あとから言い訳や御託を並べるとはどういうことでしょう。

マウント大好きな大学教員

マウントを取りがちなのも彼らの習性で、その犠牲者は弱い立場の学生であることがしばしば。「学生でモンクレールなんてイイの着てるね~」という直球もあれば、「今の子たちって自己肯定感が低いからさー」と、自己肯定感最強種族として嘆いた風のポーズをとったり。

学生に注意するときは「これは人格の否定じゃない。意見の否定である。混同しないように」とおまけ付きの説教を垂れる割に、自分の希望が通らないと怒ります。講義の評判が悪い教員に限って抗議だけは一丁前。これ、事務職員だからこそ分かる、大学教員あるあるです。

そして、とんでもないぶっ飛んだアイデアを持ってくるのもお坊ちゃん特有。無論、ポジティブな意味ではありません。お金がどれくらい掛かるか分かってます？　と聞きたくなるくらい金勘定がなされていない自由すぎるアイデアです。

なぜそうなるかというと、多くの大学では予算を事務局が管理しているからです。大学教員は、何にいくら掛かっているかさえ知らないことが少なくありません。だから、お坊ちゃんが家計を把握せず高額な誕生日プレゼントを平気でおねだりするように、桁違いな案を持ってくるのです。自分たちのことを、いくらでも金を使っていい高貴で特別な選ばれた存在だと思っているのでしょうか。

最高学府に上り詰めた自分たちを社会の上澄みだと認識し、大学教員の仕事を社会的に有用な賢者の仕事だと自負するような教員ほど、骨の折れる仕事をやりたがりません。たとえば、面倒で手の掛かる学生に限って事務職員に対応を任せます。「あ、それはね、職員さんに聞いてみて」「○○さんっていう職員さんが話をよく聞いてくれるから相談するといいわよ」などと白々しく、都合のいいときだけ事務職員を「さん付け」で呼ぶ慇懃無礼な習性があります。キャリア・プライドがあまりに高いため潔癖症になり、自分たちよりも「下」だと見做した相手に、自分たちの仕事より「下」だと認定した雑用仕事を押し付ける人もいるのです。

さらに狡猾な場合、「教職協働」などとそれらしい用語を口にしますが、大方の事務職員の本音は「あんな自分勝手で相手の悪いところ探ししかしない人とチームプレーなんてできるわけがない」が相場です。

「知識人」の言い換え術

そんな大学教員が何によって仕事をしているかといえば、もちろん「知識」でしょう。知見こそが彼らのバリュー。だからこそ、「知らない」ということに異常なまでのアレルギー反応を示すのでしょうか。

たとえば、会議で自分の知らないテーマが出てきたら下を向いて話題を振られないようにする教員がいます。まるで、授業中に当てられないように俯《うつむ》く学生です。目を閉じて瞑想を始める教員もいますし、そうかと思うと単に寝ているだけの教員もいます。

では、話題が振られたらどうするか。ここに、大学教員の真骨頂が発揮されます。彼らは、「知りません」とは口が裂けても言えません。知識不足は知識人の恥であり、無知は致命傷だと思っているのです。だから、虚勢を張り、ハッタリをかまさなければなりません。そこで、伝家の宝刀、言い換え術が作動します。

「知りません」はどう姿を変えるか。「そういう考え方もあるかもしれませんが……」と前置きし、自説に持ち込むのです。

「できません」とは言えないので、どう言い換えるか。「そういうことを検討して実施していく必要はあると思います」と、ボクワタシは賛成しますよとだけ回りくどく専門家風に発言する。えーと、センセ、その検討と実施は誰がいつどうやってやるんでしたっけ？

論点すり替えも彼らの得意技です。コロナ禍で普及したオンライン授業では、学生はすぐに順応したのに、機械音痴の大学教員は四苦八苦する姿が目につきました。Ｚｏｏｍの入り方が分からない。音が聞こえない。映像も見えない。ミーティングから退出できない……。そんなとき、「できない」と口にするのはプライドが許しませんから、「やっぱり大学教育は対面じゃなきゃダメだ」と自分の不出来を棚上げして屁理屈をこねる人もいました。

知識人は質問するのも下手なようです。「教えてください」と言えない。特に、自分が下に見ている相手に謙《へりくだ》る姿はほとんど見たことがありません。質問するということは知らないということ。もしも、他の誰でも知っているようなことを質問してしまった日には、自分の無知を晒すことになります。では、「教えてください」の代わりになんと言うか。「プロの皆さんのご意見を聞きたい」。これです。相手を勝手に専門家に見立て、必死に知的に振る舞い取り繕っていますが、実態は、無知をひた隠しにした情報収集です。

都合が悪くなると「あとは経営陣の判断で」も頻出フレーズ。たとえば、入学試験で面接の配点を上げろ（教員の権限をアップせよ）と圧を掛けてきたのに、いざ面接で受験生の合否判定に迷うと、「あとは経営の判断で」「経営的にご判断ください」と投げやりの丸投げ。

要は、「ごめんなさいボクワタシには決めきれません！　責任は負いたくないので入試委員長や学部長や偉い責任者の皆さまに決めていただきたく……。あ、もちろん何かあった場合の責任はその方々が負ってくださいね。だって私はお任せしたんで♪」という本音を言い換えているのです。

そうかと思うと、自分の都合のいいように事を運びたい案件の場合は、「お願いします」とは言いません。依頼は頭を下げることと同義だからです。代わりに、「本質的には」「問題の本質は」と本質論を展開します。本質的に正しいことだから実行せよ、という論法です。ただ、あまりに色んな先生が「本質、本質」と口にするため、一体どれが本物の本質なのか、本質の本質が分からなくなることもしばしばです。

どんな些細なことでも「研究」と言っておけば許されると思っているのも大学教員の特徴です。ただ駄弁っただけなのに「取材」と言い、プライベートの買い物なのに「マーケティング調査で」などと言い逃れをしたり。なんでも研究と言っておけば研究者になれるなら、誰だって研究者です。単なる料理好きが料理研究家を名乗るように。

事務職員や学生相手の場合、専門用語を乱発してくることも稀ではありません。その場合、彼らのねらいは何か。

専門用語という煙幕で問題をぼかし、「どうだ、分かるか、これだけ専門的なことを知っていないと解決不可能な問題なのだ。素人には把握困難。君たちには賢明な判断はできないよ」とやって、口出しや手出しをさせたくないだけです。要点をはぐらかし、自分の都合のいいように物事を運びたいがための牽強付会といえるでしょう。

「学生のため」という保身術

なかにはフレンドリーな大学教員もいます。学生にいつも笑顔を振りまき、対応は丁寧で、近寄り難い大学教員とは真逆で親しみやすい印象。

しかし、それは嫌われる勇気を持っていないだけかもしれません。何かを学ぶということは、目を伏せたくなることや、耳を塞ぎたくなることも避けては通れないのに、良薬口に苦しを教えない。苦いものを苦手のままにし、甘言ばかり口にする。

そのような八方美人のお坊ちゃん教員が呪文か催眠術のように唱える「学生のため」は、お為ごかしの保身術であることもしばしばです。

面接試験の前日夕方に、体調不良になった面接官の大学教員からメールが届きました。曰く、「このような風邪声では受験生に迷惑が掛かるので面接官から外していただいた方がよろしいかと存じます」。

いかにも受験生のためを思っている風の書きっぷりですが、単に自己管理能力の欠如で休みたいだけでしょう。前日夕方に別の面接官を探し回る身にもなってもらいたいものです。

百歩譲って、なぜ、「自分の管理能力不足で体調を崩してしまいました。申し訳ございません」と、素直に謝罪することすらできないのでしょうか。

そんなことだから、アスリートやタレントならばしばしば尋ねられる質問を、悲しいかな、お坊ちゃん先生は耳にすることがないのです。「どうやったらアナタみたいになれますか？」という極上の質問を。

卒業したあるゼミ生に教員の印象を聞くとこう答えてくれました。「だって、あの人から真似るところ、ないんですもん」。一刀両断とはこのことでしょう。「学ぶ」の語源は「真似る」だといわれますが、真似るところがないということは学ぶところもないということ。

ちなみに先のフレンドリー教員は、イベントで協力依頼すると「きちんと指示してください」「私はいつどこで何をすればいいのですか」と分単位で指示を求める指示待ち人間でした。民間企業でそんなことをいちいち口にすれば、「自分で考えなはれ」と言われて終わりです。

「自ら考える力」を学生には強く要望するのに支離滅裂もいいところ。言行不一致が真似るべき対象にならないのは頷けます。それを自力で見抜いた学生は一枚も二枚も上手です。まさか教師としてではなく反面教師として「自ら考える力」を教えているとは、この教員は思いもしなかったかもしれません。

大学トップが「個人の見解」？

さて、お坊ちゃん先生は末端教員だけだとお思いでしょうか。残念ながら、そんなことはありません。

世界の情勢や大学業界の100年後についてはメディアで語るのに、教職員の顔と名前さえ覚えておらず、自学の5年後の青写真も1年後の目標も教職員に語らない学長。

就任時に「好きなことを言ってくれ」と教職員に言ったのに、質問が癇《かん》に障ったのか、

「アイツは誰だ！　履歴書を持って来い！」と激怒する、態度はデカく器はミニチュアの学長。

食事の際は、食べきるわけでもないのに片っ端からメニューを注文し、単なる権威の象徴と化したゴミ箱行きの料理にはお構いなしで、学生にはＳＤＧｓ（持続可能な開発目標）を教え始めるサステナぶっている学長。

トップにも色々います。まったく、繊細な先生方のお世話は疲れます。ある大学の事務職員仲間は「まるで赤子の育児か高齢者の介護ですよね」と心境を吐露していました。イヤイヤ、育児や介護は必要にして重要な仕事です。それに引き替え、お坊ちゃん先生の相手は、単なるわがままに付き合わされる不必要な仕事で、雲泥の差があります。

またある大学のトップは、テレビにも時折出ていますが、所属する大学名を決してテロップで出さないよう指示しているそうです。なぜ、そんなことをするのでしょう。

組織に依存せず個人で勝負する気概ある大学経営陣かと思いきや、真相は全く逆で驚きました。「自分の発言が所属大学を代表する意見だと思われるといけないから」と弱気で腰が引けているのです。

昨今流行りの、「これは個人的見解であり、所属する組織とは関係ありません」という言い訳でしょう。それで言い逃れできると思っている。万一失言などがあっても組織に迷惑を掛けず幕引きが図れると思っているのかもしれませんが、ネット時代ですから、調べれば所属がどこかなど秒で分かります。

所属組織できちんと仕事に従事していれば、その経験から得た知見は必ず本人に影響を及ぼします。言動が「所属組織とは無関係です」などということはあり得ないでしょう。「これは個人の見解です」といって大学と関わりを持ちたくないのなら、なぜ大学トップの仕事など引き受けたのか。

日本大学の林真理子理事長は、日大アメフト部の薬物事件後に記者会見を開き「お飾りの理事長というのは大変遺憾です」と発言しました。が、「お飾り」ならまだましです。

それより質が悪いのは、自分ではコミットしている気でいて、客寄せパンダ効果も発揮せず、現場に過剰介入してくるようなトップです。それでいて下の者には「もっと大学をPRせよ」と言うのは、一体どういう神経なのでしょうか。

世界を知る力はあっても、世間を知る力のない世間知らずのお坊ちゃん先生は、頭の中が「天動説」のままなのです。自己中心的世界観に浸っているのです。

「自分ファースト」教員

このように、大学教員は、上から下までお坊ちゃんだらけです。自分大好きのお坊ちゃん先生は、きちんと学生を教育できているのでしょうか。顧客のために力を尽くしているでしょうか。

医者が、持ち得る最大の医療技術を振る舞わないとき、その医者は怠慢です。学者が、持ち得る最大の教育技術を振る舞わないとき、その学者は怠慢です。

ところが、実際には怠慢が横行しています。たとえば、授業で投影していたパワーポイントの資料に前任校のロゴが入っていたり、90分の授業で映画やドラマのＤＶＤを流すだけで解説もなければ議論もなかったり。

別段「下位大学」だとか「Ｆラン大学」に限った話ではありません。早慶上理（早稲田大学、慶應義塾大学、上智大学、東京理科大学）とグループ化されているブランド大学の一角にも、ほとんど開講していないゼミを抱える大学がありますし、西の関関同立（関西大学、関西学院大学、同志社大学、立命館大学）にしても、コロナ禍を言い訳に休講を連発した不届き者を抱える大学があります。

同じ大学で数十年前のレジュメを使って全く同じ授業をやり続ける「レンチン授業」は昔ながらです。しかし、前任校の資料の使い回しは、「新種のレンチン授業」です。

これは、大学教員の流動性が高まったことが背景でしょう。民間人の転職者が前職の資料を流用するのに同じです。それを生産性だと思っているのでしょう。ロゴを消さなかったのは彼のダサさゆえですが、そもそもの魂胆がイケていません。教育者としても、仕事人としても。

ちなみに、DVDを見て終わり、の授業を実施していた教員は学生からの授業評価で高得点を叩き出しドヤ顔で喜んでいました。単に「楽な授業」だから評価されただけとも気づかずに。学生が授業後に、「こんな授業誰でもできるがなっ（笑）」と嘲《あざけ》り合っていたことも耳に入らずに。

さらにあくどいのは、学生のキャリアよりも自分のキャリアを優先するという、教育者としてあるまじき行為です。

「仮面浪人」は学生にだけ当てはまる言葉ではありません。今や多くの、いえ、ほとんどの大学で、仮面浪人している大学教員がいるはずです。

もちろん、大学教員もひとりの人間であり、市民であり、家庭があり、キャリアがあり、夢も希望もあるでしょうから、ご自分のことを重んじていただくのは全く結構です。

しかし、それは、約束を果たしたうえで、という条件付きです。授業の手抜きやゼミの非開講も問題ですが、自分はさっさと転籍して、自分のゼミの学生の面倒を卒業まで見届けないなどは問題外です。行き場を失ったゼミ生たちは、途中で他のゼミに転ゼミする、という事態が発生しています。

彼らを受け入れるときになんと言って勧誘していたのか。その言葉は嘘だったのか。彼らがどんな気持ちで卒業までの期間を過ごすのか。卒業したあとに何が残るのか。そこまで考えれば、大学側に交渉して転籍後もゼミだけは持つなど、取れる選択肢は他にもあるはずです。

でも、慈愛より自愛のお坊ちゃん先生はそうしない。学生ファーストより自分ファースト。この無責任さと約束違反を問題にしています。現に、学生が「アイツないわー」「まじジコチュー」と不満を吐露しているではありませんか。先生からの最大にして最後の教えが「自分ファースト」という世渡り術だというのは、あまりに悲しすぎます。

こういう大学教員は、所属している間は自分の大学を一応はＰＲし、それが銘柄大学でない場合などは、「少人数で学びやすいですよ」などと宣伝します。

それなのに、「先生のお子さん、もうすぐ大学生ですよね？　先生の大学に入学させたらどうですか？」と聞くと、「いや〜、やっぱりナンヤカンヤ早慶くらい行っておかないとさ〜」などと頭をポリポリして笑いながら言ったりする。笑い話ではないのですが。

ただし、大学教員にも言い分はあります。

まず、大学教員はお勉強が得意で、人間力の高さではなく学力の高さによって評価されてきた人が大半です。学力的に優れていることと人間的に優れていることは別物。人間力がなくても学力は高められます。あえていえば、大学教員は道徳的か否かではなく知的か否かで地位を得た人々です。

そうすると、学力の低い人がなぜ躓《つまず》き、どういった心境に陥るのかが、そもそも理解できない人も多いようです。そして、そういう人を許せなくなる。意図的にというよりは、無意識的に、随伴現象としてそうなってしまうのかもしれません。

大学は偏差値と呼ばれる学力ランキングで序列化されますが、実はどの大学でも、教鞭を執る教員の出身大学は華やかです。つまり、学生の学力はバラバラでも、教員の学力はある一定のレベル以上なのです。

少し古いデータですが、大学教員の出身大学は、東京大学と京都大学の2大学だけで約2万人。全体の約2割を占めます（文部科学省ホームページ『設置者別 大学教員の出身大学 平成13年（2001年）調査』）。その他の大学名も、見聞きしたことのある大学名ばかりが並びます。

特に、一昔前に、そうした銘柄大学で真面目に授業を受けてお勉強してきた先生方にとっては、自分たちが経験した学び舎が大学というもののイメージ形成に間違いなく影響しているはずです。その頃に夢見た大学や大学教員のイメージと、実際に教員になった今の現実のイメージギャップは、測り知れないものがあります。

大学では、企業経験者が実務家教員として重宝されています。大学院を出てストレートで研究者の道に進んだプロパー教員は理論に強いですが、実務家教員は実践に強いからです。

しかし、やる気に満ちた実務家教員の多くは、着任早々面食らってしまいます。学生のやる気がなく、言うことを聞いてくれないからです。

会社ではブイブイ言わせていた実務家教員が、大学ではブーブー言っている、という光景は珍しくありません。会社での華々しい業績をアピールしたところで猫に小判。何千人の社員を動かしていただとか、何億円の金を動かしていただとか、学生からすれば「ふ〜ん」「凄いっすね」てなもんです。

なぜか。学生は部下ではないからです。上司気分で接したところで、相手は思い通りに動いてくれません。上から目線など言語道断。

上司ならば、昇給や昇進など人生を左右されますから、顔色を窺い、ときには胡麻をすらねばならないときもあるでしょう。しかし、一教員なら話は別です。もし嫌われたところで2単位を失うだけ。卒業に必要な124単位のうちの1%ちょっとの影響力など誤差の範囲内です。昔取った杵柄《きねづか》や過去の栄光を引っ提げ、ドヤ顔で教壇に立つ実務家教員は、自分の影響力が誤差であることを誤算しているケースがしばしばです。

雑務まみれの大学教員とアインシュタイン

さて、いずれにしても、大学教員の仕事は生易しくありません。そして、その仕事がどんどん増えていることも事実です。

ひとつは面接官業務です。かつてのように年明けの筆記試験一発勝負がメジャーだった時代と違って、少子化で学生の奪い合いの状況では、総合型選抜（旧ＡＯ入試）や指定校推薦などの面接をベースとした試験の比重が高まっています。

10兆円規模の大学ファンドで研究力向上を支援する「国際卓越研究大学」の最初の候補に内定した東北大学は、総合型選抜の入学者の比率を3割から１００％にすると明言しています（『日本経済新聞』２０２３年9月12日付朝刊）。

大学教員からすれば、面接官業務が増えることになります。加えて、大学入学共通テストの会場校になると、約２７０ページに及ぶ、あり得ないほど分厚いマニュアルを読み込み、不測の事態の対応なども頭に入れ、事前に説明会まで参加して、当日はひとつのミスもなく、ロボットのように働かねばなりません。なかには試験監督なのに居眠りをしたり、スマホを持ち込む不届き者もいますが。

さらに、オープンキャンパスと呼ばれる大学体験イベントがあり、年に数回だけの大学もあれば、年に数十回も開催する大学まであります。模擬授業やゼミ体験や教員との交流コーナーもありますので、当然、教員の出勤日が増えることになります。その分、研究に充てられる時間は減るわけです。

要するに、大学教員の仕事は、研究よりも教育よりも雑務の方が多い、というのが大学教員たちの異口同音の訴えなのです。

物理学者のアインシュタインは大学に所属しませんでした。特許局の仕事の合間に研究に没頭し、相対性理論を紡いだ彼にとって、科学論文をたくさん書くように教授から強制される大学では知識が浅はかになる恐れがあると考えたためです。

今、箔を付けるために大学教員になったり、贅沢な研究環境がないと研究できないと思い込んだりしている大学教員は、雑務の波に呑まれ、知識が浅はかどころではないかもしれません。

アインシュタインには、「先生の研究室はどこですか？」と聞かれた際、胸ポケットから万年筆を取り出し、「ここです」と微笑んで答えたという逸話があります。研究環境に言い訳しなかったということでしょう。

本当に研究がしたければ、何も大学しか手段がないわけではありません。教育機関に身を置かねばならない決まりはないのです。

夢見る大学教員は、学生とミスマッチを起こし、仕事ともミスマッチを起こしています。まるで、新入社員が、あれはやりたくないしこれもやりたくないと駄々をこねるようですが、それが、お坊ちゃん先生なのです。

でも、仕方ありません。大学の数が増え、「全入時代」と呼ばれるように、望めば誰だって大学に入れる時代になった。ということは、それだけ教え手も急増したということ。つまり、学生が大衆化したのと同時に、教員も大衆化したのです。お坊ちゃん教員が跋扈するのは、そうした社会的背景が関係しています。

なかには、日本の大学の教育環境と研究環境に見切りをつけ、日本を離脱し国外逃亡でもするかのように、海外大学への移籍を試みるケースも少なくありません。研究チームごと中国やアメリカへ移住する頭脳流出も生じています。

「お客様」から「教え子」に

ここまで、大学教員にとってのミスマッチを見てきましたが、学生からしても、期待外れはあるものです。

新生活は誰しもドキドキとワクワクです。大学に入ればバラ色のキャンパスライフが待っている。ようやく受験勉強から解放される。束の間の人生の夏休みを満喫しよう。そんな期待があるかもしれません。

しかし、「人生100年時代」でモラトリアム期間も伸びていいはずなのに、大学は相変わらず4年間。しかも、100年も生きるとなると、事前準備が鍵を握るといわんばかりに、学生は学生でやることが目白押しです。

このことは、真面目に学問をしたかった学生にも都合が良くありません。学問の発祥地、古代ギリシャでは、学ぶには暇が必要だと考えられていました。

「学校（school）」の語源がギリシャ語で暇を意味する「スコレー（scholē）」だったことは偶然ではありません。人は、遊ぶように学び、学ぶように遊んだのです。

したがって、学校が忙しいなど本末転倒。暇がなければ考える時間は生まれず、自由に考えない学びは学問ではありません。

新入生は、期待が大きい分、その期待を裏切られたときのギャップは、ジェットコースターが頂上から一気に落下するが如し。

大学サイドもそのことを心得ています。なぜなら、いきなり退学されると、手に入るはずだった学納金の大半を失うのはもちろん、他の新入生にも影響が出るからです。

そこで、大学は、新入生のオリエンテーションに気合を入れます。それまでの接し方とは態度が一変するのです。入学してもらえるかどうかが不確実だった「お客様」から、時には耳の痛いことも言わねばならない「教え子」になったからです。

ということは、オイシイ話ばかりはしていられない。複雑な履修科目のこと、卒業要件のこと、早期化・激化する就職活動のこと、マルチ商法や違法薬物使用についての注意喚起など、どうしても堅苦しく、生活指導的な内容が避けられない。

最近の象徴は、「手遅れにならぬよう、後悔せぬよう、1年生の段階でガクチカを作っておくように」。ガクチカとは就職活動でよく問われる「学生時代に力を入れたこと」の略。オリエンテーションには先輩学生もスタッフやゲストとして参加しており、ガクチカの重要性を体験談を交えて語らされます。この辺りで、新入生の浮かれ気分は吹き飛びます。

そして、学生からすればただでさえつまらない話を、つまらなさそうな先生が話す。オープンキャンパスなどで接していた、話すのが上手なエンターテイナーのような先生はごく一部。彼らは客寄せパンダ。ボソボソ話す先生も稀ではないのが実態です。こちらの方が研究者としては優れているケースもまた稀ではないのですが。

この、てんこ盛りの新入生向けオリエンテーションは、以前にはあまり見られなかった現象です。なぜなら、かつては入学まで大学との接触が著しく少なかったからです。

入学者の大半は、一般選抜と呼ばれる年明けの筆記試験を経て入学し、オープンキャンパスなども活況ではなかった。事前の吟味などせず、高校や塾の先生のアドバイスや模試の偏差値なんかで「自分はこの辺」と進学先を決めていた。

むしろ、周りもそうしていたから、それが当たり前で、そんなものだと思っていたというのが大方の相場です。食べ物だって試食し、着る物だって試着するのに、学ぶ所は視察しない。4年間の時間的・金銭的な投資に鑑みれば、消費行動としては誠に歪《いびつ》ではあったのですが。

バレてしまった大学のイケてなさ

それが、今では状況が一変しました。大学生の約半数が、面接ベースの試験によって、高校3年生の年末までに入学を決めているのです。つまり、事前に大学と接触を持ち、事前に吟味するようになった。比較検討するようになった。消費者としては健全な方向に歩み出したわけです。

すると、大学のイケてなさがバレ、化けの皮が剥がれてしまう状況も生まれます。大学のイケてなさは以前から存在していました。状況が変わったのは、それが猛スピードでバレてしまっている、ということです。

たとえば、こんなことがありました。コロナ禍でオンライン化が進んだのは授業だけではありません。入学試験の面接もオンライン化されました。事務方も不測の事態に備えてオンラインで同席することになります。もちろん、マイクや映像はオフで。

すると、とんでもないことが分かりました。肘を付いている面接官、面接とは関係のない手帳をおもむろに取り出す面接官、ある受験生には敬語なのに別の受験生にはタメ口の面接官、受験生が話す時間の4倍もの時間を説教や自慢話に費やす面接官など、まさにカオスだったのです。実は、以前からそうだったのでしょう。面接室というクローズドな状況で、ブラックボックスだっただけの話。ようやく明るみに出ただけの話です。

既に大学進学は、少数者の特権だったエリート型の時代から、大衆に広がったマス型を経て、万人の実質的義務になりつつあるユニバーサル・アクセス型に移行しています。

ということは、相手にする学生の数も変わりますが、質も変わるということです。この変化に、うまく対応しきれていないのが大学です。

ある学生は、通学初日で退学を決めました。その友人曰く、「うわ、つまんねー」「こんなんだったらオレやめるわ」と言い残して去っていったようです。逆に、「こんなにガッツリやる大学だったんだ……」と、アッサリのつもりがコッテリで、ガッカリして入学後間もなくやめていく「ガッカリ退学者」も一定数います。

彼らの判断は、被害最小化の賢明な損切りだったのか、はたまた、あとで後悔する軽率な早計だったのか。いずれにせよ、こうしたイメージギャップは今後も多発するでしょう。初日に退学を決意するか否かは別としても、在学生のなかには、不平不満や、言葉にならないわだかまりを抱えながら、モヤモヤした状態で通学している学生が既にそこかしこにいるはずです。あとになって爆発する時限爆弾でなければいいのですが。

学生からすれば、散々期待させられてバカを見たことになります。

学生が見るバカのうちで最たるものは、「最先端を学べる」という過剰な期待とのギャップです。特に、実務家教員から最新のビジネスに関する内容を学べると思い込んで大学に進学するのは禁物です。

なぜなら、本当に第一線としてビジネスの世界で戦っている人は、大学で教える余裕などないはずからです。大学に定期的に教えに来る時点で、昔取った杵柄で手軽に〝商売〟しようという魂胆がどこかにあるのではないでしょうか。したがって、その理論も技術も、最先端ではあり得ません。

なかには、時代の寵児が教壇に立っているケースもあるでしょう。しかし、その場合も、片手でビジネスを回し、片手で教育を回しているともいえるわけです。とはいえ、ビジネスも教育も片手間でできることではありません。結果、本業ではない教育がどうしてもなおざりになるといえます。

片手間の実務家教員から得られるのは、知識というよりせいぜい予備知識。社会に出たらこんなことが役に立つよ、あんなことには注意しなよ、というレベルの勧告と警告。

大学の存在意義を最先端や最前線と規定するならば、特にビジネス分野の研究において大学は常に後追いの時代遅れ機関にしかなれないといえるでしょう。

実務家教員「手抜き」のカラクリ

それにしても、日々多忙なはずの現役実務家教員の場合、どうやって時間をやり繰りして授業を行っているのでしょうか。

実は、カラクリがあります。

前提として、大学教員には必要なコマ数があります。担当すべき授業の数が決まっており、それを満たさないと給料は支払われません。そして、担当科目は、シラバス（講義要項）という正式な文書に登録され、それが対外的な証明にもなります。

昨今、各大学で重要度が高まっている科目に、キャリア科目が挙げられます。就職活動やインターンシップなど実業界に関連する科目で、サラリーマン経験がなくストレートで大学教員になったプロパー教員には苦手な分野ですが、社会的ニーズはとても高い。

そこで、サラリーマン経験のある実務家教員の出番です。ところが、多忙を極める彼らは、自分で登壇しないこともしばしばです。どんな裏ワザを使っているか。

たとえば、学生が本を読まないことを逆手に取って、リンダ・グラットン、アンドリュー・スコットの『ＬＩＦＥ ＳＨＩＦＴ』（東洋経済新報社）など流行りのビジネス本をサクッと読んで解説するだけの省エネ教員もいるにはいます。が、本を読む手間すら省くもっと狡猾な強者もいるのです。

知人のキャリアコンサルタントに依頼したり、キャリア科目の専門業者に業務委託したりして、代わりに登壇してもらうのです。学生には、自分はコーディネーターであると自己紹介し、「プロに話を聞こう」などとそれらしいことを言います。

でも、外部の人間はゲストであって大学教員ではないため、表向きは授業を担当できません。シラバスの「担当教員」の欄には、正規教員の名前が記されるのです。つまり、この場合は、現役実務家教員の名が載ります。実態は授業をしないにもかかわらず、名目上は授業としてカウントされるのです。教員ごとに定められているコマ数に計上されるというわけです。一切授業にノータッチなのに、この現役実務家教員は授業をしたことになり、給料に反映される。つまり、仕事をしたことになるのです。こんなにオイシイ話はありません。半ば、シラバスの虚偽記載です。

二足の草鞋の片方だけしか大学に突っ込まない実務家教員のなかには、学生や大学にとって実に質が悪い人もいます。

鳴り物入りで大学業界に入ってきたあるＩＴ企業のエリート社員は、ゼミ生が卒業する前に辞めたといいます。

理由を聞くと、「社長から直々に次のプロジェクトで戻って来いと言われまして」。なんとも格好よろしい美談で英雄譚ではありますが、所詮はその程度の教育熱だったということでしょう。教育者という着ぐるみを興味本位で一度着てみたかっただけかもしれません。

ビジネスのことしか頭にない。ビジネスとは契約の世界。契約違反でなければ基本的には何をしてもOK。

大学との契約のうえでは、問題なかったのかもしれません。しかし、学生との約束はどうなったのか。自分がいなくなったあとにゼミ生が「残党」と呼ばれ漂流し学内で同情の目で見られていることを、新たに転籍した先のゼミでは「先住民」から「迫害」を受けていることを、ゼミのOB・OGとの繋がりが永遠に断たれてしまったことを、ちょっとでも想像したのでしょうか。

フッ軽は美点かもしれませんが、尻軽は汚点でしょう。教育する権利はあるかもしれませんが、教育する資格はないでしょう。

容赦ない『学生満足度調査』

やる気のある学生にとって、大学に求める最たるサービスはもちろん授業です。その授業が、今壊れかけています。履修したくても履修できない状況があるのをご存じでしょうか。

授業の巧拙において、大学教員は玉石混交です。したがって、人気・不人気が明確に分かれ、一部の授業に履修希望者が集中します。しかし、それでは大学は回りません。

そこで、どうするか。セレクションします。セレクション方法は千差万別で、単純な先着順もあれば、面談を通じて意思確認することもあれば、ランダムな抽選もあります。

ですが、セレクション方法がどうであれ、必ず落ちる学生が発生します。これは、真面目な学生の不満を買います。実際に、『学生満足度調査』というアンケートでは、学生からこんな声が上がっています。

「学びたいものを学べるのが教育機関のはずなのに抽選で学べない、抽選で落選した場合の補助も何もない」

「金を払って学びに来ているのに抽選機能があるのがおかしい」

「学びたい授業を履修できない。学生みんなが学べるような環境を作ってほしい」

「履修抽選に落ちたとしてもなんの補塡もない。かといって大学に抗議しても授業料・施設利用費の返金もなければ、それによって取りたい科目が取れなくとも何の責任も負わない。こんなシステムでは不満を抱くのも当然です。本気で文部科学省などへの訴えを視野に入れています」

なぜ学費を払っているのに望みの授業が受けられないのか。消費者心理として至極真っ当です。


『学生満足度調査』を覗くと、容赦ない本音が飛び交っており、学生の幻滅具合が手に取るように伝わってきます。

「予備校か専門学校の授業かと思うような、学術的なことよりも実践的すぎる授業があまりにも多い。また、学者を専門分野以外の授業に充てすぎており、『あの先生はこんな研究をしているのか』と思える機会が少ない」

「これほんとに授業？　みたいなときがある」

「自分の身にならないのに時間と金だけはむしり取られるような状況」

「どの講義も無理に難易度を下げていてみんなが80点以上取れるような試験、講義になっていて味気ないと感じます。結果、深く勉強したい人が休学か仮面浪人かしてやめていってしまうのではないか、と考えます」

黙して語らずなだけで、ナメた授業に決して満足などしていない学生たち。

「教員が教員の目を気にしてる」

「教員によってやる気や資料の作り込みが違うので、それに伴いこちらのやる気も変動する」

手抜き教員をお見通しの学生たち。こんな声もあります。

「コンビニすらなかったらこの学校はほんとに終わりだと思う」

「コンビニが大学の施設の中で一番まし」

「もはや大学ではない」

何より酷いのは、『学生満足度調査』を実施して終わりにし、対話ツールとしていない大学側の態度でしょう。

「毎年このアンケートで同じように提案しているが毎回話にすら上がらない」

「毎年こういったアンケートあるが大して改善もされないし、経営陣も上層の教授陣もやる気がなさそうなので答えるのが億劫なので回答を強制にしないでください」

この手の匿名アンケートに回答者の偏りは確かにあるかもしれません。しかし、決して看過できない意見ばかりで、大学の実態が浮き彫りになる率直な訴えです。学生は、よく見ています。消費者は、甘くありません。顧客をナメてはいけません。

日本の大学は「ちゃんと見てくれない」

そのことに事前に気づいた感度の高い高校生は、日本の大学全てにそっぽを向き、海外大学を志向し始めています。

日本の同質的で村社会的な空気に嫌気が差し日本を去った、ある中高一貫校出身者がいます。その後、彼はアメリカで科学オリンピックのチームに選抜され、国際交流の学生団体も立ち上げるなど、精力的に活動。彼の八面六臂の活躍ぶりを見ると、喜ばしくもありますが、日本の大学の危機も感じずにはいられません。

海外の大学の入学試験は決して楽なものではありませんが、彼のような国外避難組が異口同音に訴えるのは、「向こうの大学は小論文や出願書類や面接で私のことをちゃんと見て選んでくれた」という趣旨の進学決定理由です。

裏を返せば、日本の大学は「ちゃんと見てくれない」ということで、肝に銘じねばならない警告ではないでしょうか。「ちゃんと見てほしい」というのは、日本の若者たちの根本的な感情であり、潜在的欲求といえるのです。

そもそも、ペーパーテストで人を評価しタテに一列に並べて合否を決めようという発想は、本来多様性に富む個人に優しい制度ではありません。「個人をちゃんと見よう」という思想と真逆の考え方だと思います。

そんな大学に「私をちゃんと見てほしい」と期待しすぎると、かまってちゃんの「かまちょ学生」の場合はバカを見ることになります。

身も蓋もない言い方ですが、そもそも、大学教員とは自らの研究をしたい人種。極言すれば、ただの研究好き。しかし好きなことだけで生きていけるほど世の中甘くはない。

そこで、社会は彼らを研究とは別の用途にも起用することを編み出した。突き放した見方をすれば、それが、教育です。研究の過程で得られた結果や成果を他人に教えれば一石二鳥。別に、嫌いなことや不得手なことをしろというのではありません。好きなことを他者にも披露せよ、シェアせよ、ということです。研究と教育は、同じ場所で異なる時期に異なる作物を栽培する二毛作のようなもので、経済的なのです。

忘れないでいただきたいのは、教えたくてその職に就いたわけではない大学教員も多数いる、ということ。

好きなことをしつつ食うに困らないために、致し方なく大学教員という職を選んだにすぎない。10年間の密着取材を経て、そういう大学教員が山ほどいるということを大学職員の私は思い知らされました。もちろん、そんなことは飲み会やオフレコの場でしか口にしませんが。

だから、大学教員のほとんどは教えるプロでもなければ、教えることに熱心なわけでもない。教育に情熱を注ぐ人物ではない。こうした前提に立てば、学生は彼らに「教わる」ことを過剰に期待するのは禁物です。得策ではありません。

その証拠に、大学教員はしょっちゅう所属を変更したがります。より学生のリアクションが良く、より自分の研究がしやすい環境を求めて。仮面浪人する彼らは、熱心なフリはできても、その大学に愛着はなかったということです。

研究好きならまだましです。大学教員のなかには「デモシカ教員」もいるのです。集団行動が苦手でサラリーマンにはなれないし、特に得意なこともないから学生時代のお勉強の延長線上で食っていける仕事となると……大学教員にデモなるか。いや待てよ、大学教員くらいにシカなれないや、といった具合。実際に、「教員ってのは言葉遣いがちゃんとできない人たちなんだよ。コミュ障とか社会不適合者。その辺がちゃんとできてたら政治家とか企業家やってる。それができないから、教員やってるの」と語るベテラン教授もいます。

教えたがりが大学に群がる昨今ですが、学生の反応を見ていると、大学教員に向いているのは、「教えたい人」ではないように感じます。むしろ、「学びたい人」です。付言すれば、「生涯学び続けたい人」です。そういう人は、興味関心のベクトルが研究テーマに向いていますから、些末な規則だとか学生の出来不出来だとか、そういった細々とした日常の些事に目くじらを立てません。謙虚で大らかです。

上位大学もウカウカしていられない

偏差値上位大学はまだ学生を育てようとはしている、という声もあります。中堅以下は教育を放棄しつつあるのだ、と。

仮面浪人でブランド大学に転籍を成功させたある大学教員とその教員仲間の会話は象徴的です。「先生、次はどこに決まったんですか？」と聞かれたその教員は、照れた表情で手を頭にテヘテヘ～。教員仲間は「ずるいぞ～、〇〇先生だけ抜け駆けなんて～」と羨ましがり、肘で腰をコノコノ～。彼らは劇団でも結成したようです、茶番劇という劇の。

彼らの態度はまるで、「我々では低偏差値のポンコツはどう育ててもダメです、手に負えません、お手上げです。高校までの教育が悪い。よって、今後はこんな人は大学に入れないでください。入れた人は誰ですか？」と言っているようです。

実際に、この手の発言を大学教員の口から耳にした回数は一度や二度ではありません。彼らは、学生の不出来の原因を入学前に求めるだけで入学後になんとかしてやろうとは思わないのです。入口でブロックしろ、止血しろ、ウイルスは侵入前に退治せよ、ということでしょう。実に酷い話です。育てる気がないなら合格を出さず受け入れなければいいはず。「飲んだら乗るな、乗るなら飲むな」にならえば、「入れたら育てよ、育てないなら入れるな」です。

大学の品質管理《クオリティ・コントロール》は基本的に大学教員の双肩にかかっているはずが、「大学の質は君たち学生次第なんだよ」と顧客のせいにする。受け手のリテラシーの問題だと言う。他のサービス業の方が聞けばビックリ仰天して椅子から転げ落ちるでしょう。自分たちの教育力のなさを宣言し、仕事放棄と他責にまみれているのが最高学府の実態です。

ただし、気を抜くと上位大学とて早晩同じ目に遭うでしょう。大学丸という船自体が浸水しているとすれば、下にいようと上にいようと、水が浸入してくるのは時間の問題だからです。

早慶上理のある大学教授は深刻な面持ちでこう漏らしていました。

「うちも数的には今のところ入学者が来てくれてるんだけど、ホントに入学してほしい日本のトップクラスの高校生はケンブリッジとかハーバードを目指してて、ぶっちゃけウチなんて滑り止めなんだよね……」

問題のない組織はありません。既に、浸水は忍び寄ってきています。東京大学に毎年進学者を多数輩出し、それが宣伝材料になっていた名門高校の校長陣も、軒並み「東大はあくまで選択肢のひとつ。特に誘導的指導はしない」という趣旨の発言を、わざわざメディアで展開し始めています。

上位大学のなかには「そんなに見下しますか？」というくらい偏差値下位大学を蔑む方もおられますが、大丈夫。あなた方も予備軍。すぐに仲間入りする運命です。なぜなら、大学という仕組み自体が、世間から見放されつつある状況だからです。

第2章

ファスト化する大学

形骸化ではなくファスト化

日本の大学は、このままいけば、形骸化するかもしれません。形だけ残って中身のない状態、「仏作って魂入れず」ならぬ、「仏残って魂あらず」の状態です。

しかし、です。現段階ではまだそこまで進行していません。今は、ファスト化している段階です。ファストとは、ファスト・フードのファスト。マクドナルドや吉野家がそうだったように、「うまい・はやい・やすい」の三拍子がキーワード。

今ではファスト・ファッションなど飲食以外のサービスにもファストは広がっています。それらを総称したファスト・サービスの特徴は、「迅速・安価・良質」といえるでしょう。無論、ファスト・サービスは便利で品質も悪くありませんから、それはそれでニーズがあります。考えられる大学ファスト化の問題は2つです。

大卒という学歴や学位は、今のところまだ健在です。しかし、そのプロセスも同様に良質とは限りません。ファスト・フードやファスト・ファッションでは、最終製品を手にする最終消費者は生産のプロセスを目にすることがほとんどなく、知る由もありません。

大学も同じく、学位や学歴という最終的なアウトプットだけを見ても、プロセスが健全か否かは分かりません。この、プロセスの健全性がひとつ目の問題点です。大学が研究と教育をきちんと行えているのか、という点です。

そして、もうひとつは、もっと根本的な問題です。すなわち、そもそも大学がファストでいいのかどうか、という大命題です。

大学のファスト化は2つの側面から生じ、加速していると考えられます。教員と学生です。ちょうど、ファスト・サービスが生産者と消費者の利害一致によって広がってきたように。

大学では何が受け渡しされているか。学費と学歴です。この構図自体は、今も昔も変わりません。変わったのは、そのプロセスです。無駄を省き、徹底的に効率化が図られています。従前、大学は学位を受け渡す過程で、一応は知見や経験を提供してきました。そこに使命を感じ、努めてきました。

ところが、それらがことごとく省略され始め、努力放棄が始まっているといえるのです。むしろ、どうやってショートカットするかに頭を使い、とにかく最短ルートを探し回る徹底した合理化の態度が感じられます。そこに道徳的ジレンマはない。近道至上主義です。あたかもファスト・フード店が無駄な動きや作業やヒトまでも削減し、極限までスリムな体制で生産活動を行うように。

世の中のファスト・サービスが安価なのに対して、大学は学費が高いじゃないか、という声もあるかもしれません。たしかに、需要に応じて価格を上げ下げするダイナミック・プライシングや表向きの値引きは、公平・平等を旨とする教育機関という特性上難しい。しかし、抜け道がないわけではないのです。

今や、「奨学金」という裏ワザで間接的な安売り合戦は始まっています。「公平・平等に実施した入学試験で、優れた成績を収めた貴殿を特別に格安でご招待します」というわけです。

他にも、複数の入試を一度に申し込んでくれたら受験料をタダにするとか、附属校生徒が受験した場合は学費が半額だとか、あの手この手の受験生争奪戦は勃発しています。

安さ以外にウリが思いつかなくなっているといえるのです。

ファスト・サービスに文句は言わない

大学を出て大企業に就職し、その後起業したある野心家は、「大学に入ったのは学位取得のため。金で学歴を買ったんだよ。授業料は卒業証明書の発行手数料みたいなもんかな」と、ズバリ単刀直入でした。

花より団子。教養より実用。曖昧な価値は無駄なものとして徹底的に裁断されます。勿体をつけた小難しい授業は不人気で敬遠されます。

ビジネス同様、成果指標が明確で、短期的に成果が出やすく、誰の目にも分かりやすい実績が価値。スピード命のファスト・ファーストです。

こうした風潮を直視すると、人間陶冶《とうや》や教養など、いつ役に立つかも、なんの役に立つかも不明確で抽象的なものが大学で流行らなくなったのも頷けます。

ある経済学者と一緒にキャリア科目の講義設計に携わったときのこと。打ち合わせで「授業時間は90分ですが、60分くらいで講義を終えて、あとの30分は質疑応答にすればいいのでは?」という驚愕の手抜き発言に耳を疑いました。経済学者だけに、コスパの発想ということでしょうか。

費用対効果を具体的に説明できるもので埋め尽くされつつある大学は、商業施設としては延命していますが、研究機関や教育機関としてはほとんど御陀仏状態のようです。完全にオワコンなわけではありませんから、ゾンビ大学とでもいえるでしょう。

もしも、学生や保護者が大学に高級路線を求めるならば、大卒学歴の取得だけで満足してはいけないでしょう。

でも、そうでないならば、特別楽しくなくてもためにならなくても、サクッと単位を貰えてパッと卒業できることに文句は言えません。望みは叶っているからです。「迅速・安価・良質」というファストの掟には反していないからです。

大学からしても、高級志向でいくならば、効率よりも効果を重視して手間暇を掛けねばならないでしょう。しかし、質はある程度のところで抑え、回転率を上げる道を選ぶならば、あまり学生に厳しくしすぎず、教える内容も難しくしすぎず、サクッと単位を与えてパッと卒業してもらうことに躊躇《ためら》いはありません。

それは、ファスト・フード店のサービスに文句を言う人がほとんどいないのと同じです。たとえばドライブスルーはただの交換所であり、通過点です。

そして、ドライブスルーで醸成される関係性はドライです。店員と客が互いの名前も顔も特に記憶することがなくても、車を降りることなく金銭と商品の授受さえ成立すれば双方に不満はない。カネを払ってブツが手に入ればサヨナラ。ファスト・サービスはそれでいいのです。その手軽さこそファストの価値なのです。

今後さらに事態が進めば、大学は空港での手荷物検査場のようになるでしょう。税関手続同様、通過することだけが目的の、通過儀礼です。

学生に厳しいことを直言する大学教員が減り、皆さんよそよそしく、ハラスメントで訴えられないよう近づきすぎない。適度な距離感を保つため終始ニコニコ。さながら、ファスト・フード店の店員のスマイルのよう。

でも、大学教員は必ずしも手抜きしているわけではありません。学生のニーズとレベルはこの程度だろうと踏んで、彼らなりに全力投球しているのです。

ファスト・サービスを求めている相手に豪速球や変化球を投げても仕方ない、という立場なのです。

レジャーランドの楽しみもなく

1970年に来日したOECD（経済協力開発機構）の日本教育調査団による報告書で「レジャーランド」と揶揄された日本の大学。その頃だって学費と学歴のトレードが行われていました。

しかし、レジャーランドというからには、その交換作業の周辺に楽しみが詰まっていたわけでしょう。出席しなくても単位は楽勝で取れてのんびりできる。サークルにバイトに麻雀に。善悪や良否はさておき、学生たちはエンジョイしていた。リラックスしていた。青春を謳歌していた。つまり、学費と学歴の交換という骨格のまわりに、無駄や贅肉が付いていた。

今の大学は違います。出席しなくても単位が取れる授業もまだありますが、ここ10年で、多くの授業が出席マストに移行しつつあります。

大学生はのんびりレジャー気分を味わっていられません。リラックスムードはない。入学直後から就職活動モード。インターンシップも1年生から参加する。うかうかしておれず、息つく暇もないほど息苦しいのが実態です。

だから、キャンパスでも、まるで用があって仕方なく市役所に行くときのような顔つきとテンションの学生が増えつつあります。

大学は、教育場ではなく教習所に近づいているのです。授業に楽しさなど求めておらず、思い出づくりも別に期待していない。お目当ては運転免許。教官に運転技術は習っても、人生を習おうなどとは思わない。顔と名前すら覚えていない。いかに効率的に資格を取得できるかが主眼。そこでは、レジャーランドのような嬉々とした声は聞こえてきません。必要なことを必要なだけやる。運転免許さえ手に入ればあとは用無しなのです。

レジャーランドやテーマパークならば、開店前からウキウキした人々が並び殺到するかもしれませんが、今の大学に人々が群がる理由はウキウキでもワクワクでもありません。目当ては大卒資格。取り急ぎ勝ち馬に乗っておき、ソレナリの満足とマズマズの安心を得るためです。

学園祭というバロメーター

大学がレジャーランドだった時代の象徴は、学園祭です。学園祭は、普段はキャンパスに顔を見せない学生も挙《こぞ》って集まり、大盛り上がりする年に一度の一大イベントでした。学園祭は、学歴にも就職にも直結しません。無論、大学設置基準にも「学園祭を年に一度実施すべし」などという条項は見当たりません。実施は義務ではない。学園祭はなくてもいいのです。それでも、学園祭の準備には多大なヒト・モノ・カネが費やされます。学園祭は、学費と学歴という、大学と学生の双方の目当てから考えれば、然《さ》して意味はありません。学園祭を頑張れば頑張るほど、両者の目的に対しては非効率ともいえます。

逆にいえば、そんな一見ムダなことにも価値を見出し、大学側が資金を捻出し、全力で取り組む大学は、心と懐に余裕があり、まだファスト化が進行していない、ということです。

ファスト化が進行する大学はどうするか。業績不振の企業が広告費や人件費を削るように、大学の経営陣も、「誰がどう見ても意味があると納得できるもの」以外は削減対象にし、メスを入れます。

その最たるものが学園祭なわけですが、学生側がファスト化していなければ、この経営判断に折れることはないでしょう。楽しいキャンパスライフやお祭り騒ぎを求める大学生にとって、学園祭という自治の象徴を譲るわけにはいかないからです。


ところが、全国の大学には、学園祭が全くといっていいほど盛り上がっていない大学が少なくありません。

学生の声を聞くべく、『学生満足度調査』を覗いてみましょう。

「どうせ自由なら参加しない側には必要性が見えてこない」

「日曜日に学校行きたくない」

「授業以外学校行きたくない」

こうした声はまだましな方です。

「学園祭実行委員が満足するために行う必要はない。大学内で学園祭1週間前でも全く盛り上がらない学園祭に開催意義を見いだせない」

「なぜこの大学は学園祭がこんなにも小規模なのか理解できない。関わらない人にとってはただの4連休。何なら旅行に行くのに有効活用している人が大半」

「ひでえ。あんなんならやらなくてもいい。大学の経営状況、士気がまるわかり」

「学祭の雰囲気が高校の文化祭よりも暗かった」

「関心の持てるイベントでない。また小規模であるため、有名な大学の学園祭に参加すればいいという考えにいたる」

こうした学生たちが、大学をレジャーランドなどと考えていないことは明らかです。なかには、なんと、学園祭の参加者が少ないために、学園祭の参加を単位の条件にするというアクロバティックな荒業に出る大学もあります。学生たちの反応はこうです。

「実行したい人間だけでやれば良い。単位取得で釣るのはあまり良くないかと」

「参加必須でなければ行く人が少ないと思う」

学園祭を義務化するとどうなるか。学生たちは、より目的的になります。合理的になります。ファスト化します。

地域のお祭り自体も少なくなる時代です。無駄を許容する余裕がなければ祭は開催できません。社会全体がファスト化しつつあるのかもしれませんが、学園祭は大学のファスト化を見るバロメーターです。

学園祭が盛り上がっている大学は、まだファスト化が進行していないはずです。単位で釣ろうが金を与えようが、学園祭を盛り上げようとしている大学はまだましです。

薄利多売のバーゲンセール大学は、「背に腹は代えられぬ」からと、学生の存在が置き去りになりがちです。

適当に躾《しつ》けて就職までさせれば保護者も満足だろうと踏んでいる節さえあります。「バカ息子やバカ娘をなんとかしたいのが保護者なんだ」と、自信満々に問題発言を披露する大学教員もいるのが実態です。

受験生の大学選びは、オープンキャンパスなどに行くより、学園祭を見る方が得策かもしれません。

ファスト大学の特徴は「考えないこと」

ところで、ファスト・サービスの成功の理由でもあり、その最大の特徴は、消費者に

「考えさせない」ことにあります。ファスト・フード店の店員と客は都度交渉を行いません。流れるように見事な注文から受け渡し。そのスピーディさには一寸の無駄もありません。ソコソコの割安感とソレナリの満足感を提供してくれるファスト・サービスに飼い馴らされた従順な消費者は、余計なことを考えません。ファスト・サービスは消費者に主体性を要求しないのです。

栄養？　健康？　そんなのは自分で管理すればいい。ここはファストが全て。スピード命。「うまい・はやい・やすい」。この受け渡し場。何か問題でも？　速さこそが正義。そこに疑問を差し挟む余地はない。余計なことは考えなくていいのです。

大学についても同じ。余計なことは考えない。なぜ大学に行くんだろう？　考えない。この授業は意味があるのだろうか？　考えない。とりあえず単位。とりあえず卒業。とりあえずインターンシップ。とりあえず就職。

はて、大学ってそもそも考える場ではなかったの？　考えない。学問や教育に「ここまででいい」という境界線はないのでは？　考えない。大学が考えることを放棄したら大学じゃなくなるのでは？　考えない。

なにも、受験生だけが考えないのではありません。大学教員だって考えない。猪突猛進です。毎年入学者の獲得に必死で、社会に追従し最先端を吸収することに必死で、それを教え込むことに必死で、社会に人材を供給することに必死なのです。

まるで、ハンバーガーを高速で準備・提供するかのような慌ただしさ。それほど、大学には考える余裕がなくなってきました。

「次の一手はこれでいいのか」と棋士が対局で何時間も沈思黙考するのとは対極的に、大局観を手放した大学は自問自答しません。考えもせず流行語を口遊《くちずさ》み、右へならえで流行に飛びつき、みんなと一緒に流行服を着こなす。そこに「本当にそれでいいの？」という停止思考はない。あるのは思考停止だけ。急いで手を打ち、世の中になんとか追随する。手は動かしても頭は動かさない。

だから、コロナ禍のときに湧き起こった「大学って意味あるんだっけ？」「授業が全部オンラインってお金払う価値ある？」という素朴な庶民感覚に、ほとんどの大学教員は黙して語らずでした。

それくらい、大学のファスト化が進行していた、ということです。

もちろん、制度設計の問題もあるでしょう。「大学くらい出ておかねば」と考え大学に進学する人が増えたわけですが、その結果、大学生の2人に1人は奨学金を利用しています。「奨学金」といえば聞こえはいいですが、実際には借金。なかでも多くの学生が利用する日本学生支援機構からお金を借りた場合、奨学金の返還は貸与終了の翌月から数えて7カ月目に開始。つまり、卒業して約半年後には借金返済が始まるわけです。

こうなると、一心不乱に就職活動に励みますし、少しでもイイところに就職することが目的になっても不思議ではありません。考えさせない仕組みがあるのですから。

ファスト・サービスは、割安感と満足感がカギ。目的に対して整合的か否かで良し悪しが決まります。

私たちは、格安ビジネスホテルが三ツ星ホテル並みのサービス・クオリティでないことに立腹しません。先方もそのことを恥じたり詫びたりしません。双方ともに「そんなもの」と思っているからです。合意形成が成立しているからです。

なかには、1コマ90分の授業なのに、「商品企画を考えておいて」と言い残して学生にワークをさせ、自分は一時退室して休憩したり他の仕事をしたり。ひどい先生の場合は30

分で切り上げ家に帰ることもあります。適時適切なナビゲートもなければアドバイスもない。やりっぱなし。放任教育ではありません。ただの放置です。でも、多くの学生に不満はない。喜ぶことはあっても。

今や大学の目的は効率的な学費獲得であり、学生の目的は効率的な学歴獲得です。学生と教員の間でファスト・サービスへの合意が取れているわけです。

「就職活動が大変なのでゼミやめます」

どうやら、私たちは大学に、大学教員に、期待しすぎていたのかもしれません。巷では「結局は地頭」などといわれ、大学教育があまり意味をなしていないような向きもあります。

頭の良さがリテラシー（読解記述力）といわれる一方、動きの良さはコンピテンシー（行動特性）といわれます。国や企業も重視する、主体性やチャレンジ精神やチームワークといったコンピテンシーは、はたして大学教育で培われているのでしょうか。

ある大学教員は、リテラシーとコンピテンシーを測定できる「ＰＲＯＧ」というアセスメントプログラムの結果データを眺めながらつぶやきました。

「結局さ、『自信創出力』が低いと何をやってもダメなんだよね」。自信創出力とはコンピテンシーのひとつですが、自信がないと全部ダメというのでは元も子もない。

たしかに、OECDが15歳を対象に実施する学習到達度調査（PISA）では、「失敗に対する恐れを感じている割合」が、日本は77%と加盟国中最高でした（加盟国平均は56%。2018年の調査）。

自信がない学生がどうやったら自信をつけられるか、自信がなくても社会に貢献し個人も幸福になる道はないのか、そういったことを試行錯誤し模索するのが大学ではなかったのか？　データの使い道はただの不出来の確認作業なのか？　いや、大学は学生のコンピテンシーを高められるはずだ。

そんな、希望的観測を裏切る残酷な研究結果があります。就労に求められるコンピテンシーは、その多くがアルバイトやクラブ・サークルやボランティア活動のおかげであり、大学教員のおかげではなかったのです（天川勝志「大学生に求められる就業基礎力に関する考察―産業構造の変化に伴う人材採用・育成戦略と関連して―」『成蹊大学一般研究報告』第49巻第3分冊所収)。これは、多くの大学生や元大学生の実感とも符号するでしょう。一方通行の授業で主体性やチャレンジ精神やチームワークが伸びるとは思えません。「あの学生は私が育てたのだ」と得意気な大学教員がいたとすれば、自己の影響力を過信しすぎというわけです。

同研究によれば、ゼミ活動はコンピテンシー向上に好影響のようですが、そのゼミ活動でさえ、教員のやる気と力量に大きく左右されているのが実態ですから、過度な期待は禁物です。

お菓子を買って駄弁るだけで終わるゼミ、卒論を書かなくても単位が貰えるゼミ、パワポのスライド1枚の発表が卒論発表代わりのゼミ。実に多種多様です。だから、「先生、就職活動が大変なのでゼミやめます」という切なくなる状況も生じています。ゼミ教員からすれば「ゼミさえやらずに何を強みにシューカツするの?」と首を傾げたくなるようですが、学生からすれば、手抜きのゼミに所属していてもコンピテンシーが高められないのなら、居る意味はありません。時間の無駄です。将来問題は切実なのです。

授業もゼミも隔離空間ですから、大学教員の仕事場はブラックボックス。全面的な決定権を彼らに委ねることは、吉と出る場合もあれば、凶と出る場合もあるのです。

成績評価は教員の裁量。金を貰っている相手に評価を下すという、通常のサービス業からすれば考えられないほど歪で異例のこの構造は、大学教員がその気になれば、「不可」を乱発したり留年もさせられる。教員は歴《れっき》とした権力者です。事実、辞めることが決まっている教員や、契約更新に至らなかった教員など、立つ鳥が跡を濁すケースもゼロではありません。学生は八つ当たりされるのです。

大学教員は〝無免許運転〟

大学教員を考える際、大前提があります。

小中高の学校教諭と大学教員の違いは何か。人間性や専門性など人によって意見百出でしょう。主観は人によってまちまちです。ところが、客観的な違いがひとつあるのです。

それは、免許の有無です。「偉そう」な大学のセンセイなのだから、きっと小難しい国家資格を持っていたり、大学院くらいは出ていたりするのだろう。そんな気がしますが、大学教員になるのに特別な資格はいりません。

もちろん、専門分野や各大学の方針によっては、特定のライセンスが求められるところもあります。しかし、それらは往々にして「研究者」として必要な資格であって、「教育者」としての資格ではない。

多くの大学において、大学教員は教育者としては無資格者です。喋りのプロでもなければ教えるプロでもない。

「高部さん、大学教員になるとイイですよ、誰でもなれますから。だって、資格いらないんですから（笑）」と言っちゃう大学教員がいました。学生や保護者という契約相手の存在を全く意識しておらず、尊重するどころか小馬鹿にした無責任な発言です。

元来、大学教員が無免許でも許されていたのは、高度な研究や優れた教育が社会に与える好影響が根拠でした。社会が大学教員に投資しているのは、彼らが研究と教育によってその成果を社会に還元し、社会の発展に貢献してくれることを期待してのことです。

これは、教職を英語名に変換すると明らかです。小中高までの教諭はteacherですが、大学の教授はprofessorといいます。professorはラテン語で「公言する人」を意味しますから、公然と世に宣言できるだけの元手がなければ大学教員は務まりません。肩書の前に研究が必須なのです。つまり、何かのプロフェッショナルでないといけません。大学教員にとって教える（teach）ことは義務ではありますが、本務ではありません。あくまで研究あっての教育です。

ところが、無免許が許容される理由は変わりつつあります。今、自分の専門分野に引きこもりがちなモグラ教員は、自宅の駐車場でお気に入りの車をマニアックにいじるだけ。公道を走り活発に行動するわけではないため、社会にそれほど有害でもない。

つまり、外部効果がないから無免許が許容されているのです。彼らが学生のコンピテンシーに大して寄与しないのは、影響力がないからです。

結果、プロフェッショナルの教授が減りつつあるのです。

だから、授業が崩壊するのも、ゼミがきちんと運営されないのも、織り込み済み。教員の力量次第。起こるべくして起こっています。

幼稚園の先生や小学校の先生の方がよっぽど教室マネジメントはお上手なのでは？
はい、ご名答です。大学生は、いわば無免許の運転手の車に同乗していることを忘れてはなりません。免許不携帯なのではありません、そもそも大学教員には免許自体が存在しないのです。

ある会議での大学教員同士の会話をご披露しましょう。

「ケータイ利用学生や睡眠学生に対するアプローチに長けているクラスコントロールのうまい先生とそうでない先生がいる。学生を当ててもほとんど発言しないが、上手な先生はうまく発言を引き出せている。上手な先生のノウハウを共有できる研修の場を設けるべきではないか」

「いや、学生による授業評価の得点を最大化するのが私たちの目的なのかは再考すべきだ。達人による評価と素人による評価は違う。学生の声は神の声ではない。学生による評価が最上の評価とは限らない。それが最高の授業とは限らない」

「学生の授業満足度は、周囲にどんな学生がいたかという不可抗力にも左右されるから、一概に教員の責任ともいえない」

「学生受けする面白い授業が有益とは限らない」

「学生満足度調査で高得点を取るために、置きにいった授業を行い、攻めた授業をせず安全圏に落ち着いてしまうのは却ってマイナス」

なるほど、色々理屈はあるのでしょう、屁理屈もあるでしょう。しかし、ひとつ間違いなくいえることはこれです。

すなわち、教壇に立っておきながら、教室マネジメントすらろくにできない大学教員がうじゃうじゃいる、ということです。

秋田県にある国際教養大学で理事長・学長を務めた中嶋嶺雄も、著書『なぜ、国際教養大学で人材は育つのか』(祥伝社黄金文庫)で「いまだに日本の大学は、教育実績より研究実績で教員を採用することが多い。要するに、肩書きに弱いのです。その結果、十分に教えられない人が大学で教鞭を執る。不幸と言うしかありません」と述べています。

だから、「この人ホントに教員なの?」と首を傾げたくなる人は、確かにいます。結構います。

「学生募集が本学の生命線である」とかなんとか言って、今の在学生より未来の在学生を優先し、授業を休講にしてドヤ顔で高校訪問《セールス》に旅立っちゃう教員。そして、店にいるお客に料理を振る舞わず、新規顧客獲得のためにビラを配りに行くようなこの無責任な教員を「行動力がある」「推進力は素晴らしい」とベタ褒めしちゃう教員。

バスを10台も貸し切り、授業の一環として付き合いのある民間企業が実施するインターンシップＥＸＰＯへの参加を学生に義務づけ、企画だけ行い、「幼稚園児の遠足かよ」と陰で学生にツッコまれていた教員。

にもかかわらず、前年度は実施していなかったその企画を、「ＥＸＰＯ参加者は昨対でなんと１０００％以上でございます！」と、保護者向けイベントで恥ずかしげもなく醜い実績アピールをしてしまう自惚《うぬぼ》れ屋の教員。

週に1回しかキャンパスに来ず、トイレや事務所の場所さえ分からないのに、「学生と向き合っている」と豪語する嘘八百のイタい学長。

大学生も大衆化しましたが、大学教員も大衆化しました。

たしかに、教えてはいけない人々が教えているのは不幸です。

使えないコンサル集団

大衆化した大学の教員たち。誰も責任を負いたくないので、大学では会議の種類も頻度も多く、時間いっぱいまで延々と議論します。

結果、着地するのは、「学生募集には、自学のウリをきちんと定め、それを然るべき相手に届けることである」という、誰も否定のしようはないけれど、誰にでも思いつく答え。害はないけれど益もない、当たり障りのない答え。ひとつの大学で学生を囲い込むのをやめて別の戦術を模索するだとか、そもそも大学が授業料に依存する体質を脱却するなど、柔軟なアイデアは出たためしがありません。

全教員が出席する教授会もどんちゃん騒ぎです。「ひとりでも多く受験してもらうために、オープンキャンパスで学食のスペシャルメニューを出したらどうか！」「開学して数十年経ったのだから、そろそろウチの大学のウリが何か決めるべきである」「都内はレッドオーシャンだから地方のまだ手つかずの高校を攻めるべきではないか」「偏差値40以下の高校と高大連携など結んでいいのか」「ウチから高校に出張講義に行くのはいいが、きちんと見返りはあるのか」

優秀な学生を求めるのが大学教員ですが、その割には、いざ高偏差値の学校から受験生が現れると、「なんでウチなんかに来てくれたのかな〜？　高校時代に何かあったのかな〜？　気になるな〜」と、自信なき発言や心ない発言を平気でしてしまう。欲張りというのか、へそ曲がりの天邪鬼というのか、いずれにせよ、屈折しているお坊ちゃんたちです。

お歴々が雁首を揃える会議などは悲惨なもので、「私に特に策はないんですが、Aさんはどう思いますか？」「○○という事象は検討すべき、とお伝えだけはしておきます」「問題提起だけはしておきたいと思います」「まあ、細かいことは色々とありますが、気を引き締めて頑張っていきましょう」など、物事は1ミリも前に進まず堂々巡り。「老婆心ながら……」を枕詞に、言うだけで自分では動かない老婆だらけの会議もあります。

「お伝えだけ」されて、「問題提起だけ」されて、物事が進めば会議などそもそも不要でしょう。「気を引き締めて」どうこうする問題ではありません。「気を引き締めて」いないわけでもありません。スポーツの弱小チームが試合中に「集中！」と叫び合っているのと同じです。別に集中していないわけではないのです。

こうした経営陣の議論からは、背伸びや脱皮という発想が感じられず、自らにメスを入れる自己変革の姿勢がないといえます。授業改善や研究向上の話は一切登場しません。もっとおいしい料理はないだろうか、という研究努力をしないのです。むしろ、自分たちコックの料理は一流なのだから、あとはホール担当がきちんと売ればいい。売れないのは営業努力のせいである。そんなスタンスです。今ある既存の商品やサービスを、売り方や売る相手だけ変えてなんとか延命させよう。はたして、それが経営でしょうか。マーケティングでしょうか。その魂胆が透けて見えるから、受験生が増えないのではないでしょうか。

こんな経営陣もいました。競合大学が受験料を無料にした途端、即座に自学も追随し横並び。誰がどう見ても「自分の頭で考える力」を発揮したのではなく、シンプルな猿真似。それなのに、「これは専門的には模倣戦略というのだよ」と小賢しく正当化。受験生が受験テクニックで入試を乗り切るように、大学も募集テクニックで入試を乗り切ろうとしているのです。

大企業出身者、経営コンサルタント、ＭＢＡホルダー、現役経営者。肩書だけ見ればどの大学もスター集団のようですが、実態は違います。能書きは垂れても筋書きはない。金銭感覚のズレたジャストアイデアばかりで、口だけ動かして手は動かさない。その割に、「私が提案した例の件はどうなってます？」と進捗管理だけは熱心。まるで、使えないコンサル集団です。

こうした大学教員たちが集まる大学とは、まとまりはないけれど1カ所に様々な専門店が集まっているだけのショッピング・モール。多種多様なブランド品を身につけているだけでコーディネートされていない単なる派手好き。

船頭多くして船山に上るように、大学は山奥にまで乗り上げてしまっています。

卒業式の裏側で

そんなことですから、卒業式当日も、経営陣はドキドキしています。来賓対応や自分のスピーチについての緊張ではありません。

数日後に控えた入学式で何人の入学者を迎えられるか、に戦々恐々としているのです。

卒業式の日くらい、ゆっくり卒業生との時間を過ごし、思い出話に花を咲かせ、将来を語り合ってほしいものですが、「今の段階で手続き者は何人？　最終着地の見込みは？　延納者の進捗は？　辞退者数はどれくらいになりそう？」など、晴れの日の裏側では生々しい話で持ちきりです。

さながら、ファスト・サービスの店員が閉店間際までバックヤードで売上や原価率の計算に頭を抱えているよう。

私立大学の約5割が定員割れで、その多くは学納金が収入の大半を占めますから、入学者が減れば経営に直接ダメージを受け、教職員の生活水準や雇用にも影響が出かねません。

ところで、各大学には「アドミッション・ポリシー」「カリキュラム・ポリシー」「ディプロマ・ポリシー」という3つのポリシーが定められています。

それぞれ、どんな入学者を受け入れるかの入試方針、受け入れた学生をどんなふうに育てるかの教育方針、どんな条件で卒業を認めるかの学位授与方針です。

ですが、学生募集における量的課題をクリアできていない大学は、そんなことは言っていられません。過当競争を生き抜くためには背に腹は代えられないのです。ポリシーなどあってないようなもの。教えたい相手に教えたいことを教授するなど二の次、三の次です。

そんな夢ばかり見ていては大学経営はできません。その理想と現実のギャップに、多くのお坊ちゃんセンセイは耐えられないようですが、現実は現実です。知識があるのですからそれくらい分かりそうなものですが、幻想を抱いているのか、はたまた他では使い物にならないから大学くらいしか職場がないのか。

そのような大学は、ポリシーもデリカシーも見失っているようです。それなのに学生には「役に立つ人間たれ」「有用であれ」と発破を掛けるのです。

多くの大学は、こういう状態を一刻も早く卒業したいと、卒業式の度に思い直していることでしょう。学生たちは卒業していくのに、自分たちだけ取り残されていく気分かもしれません。

今後、取り残されたその船が、実はタイタニック号だったと、あとになって分かる大学が出てくるでしょう。

入試問題をアウトソーシング

なぜ、そんなことが予想されるのか。それは、大学が、屋台骨を手放そうとしているからです。

大学にとって、長らく大切にしてきたのは入試問題です。各大学のオリジナリティ溢れる問題は、それ自体が受験生へのメッセージだからです。

ところが、今の大学業界には、入試問題をアウトソーシングする動きがあります。大学教員には作問の担当を嫌がる人もいれば、そもそも力量不足で入試問題を作れないケースもあり、かなりの負担が一部の教員に偏ります。

「昨年は私が担当したので今年は○○先生、是非」「○○先生のご専門分野が今社会的にホットなので何卒」など、大学教員同士でボールを投げ合い仕事を押しつけ合うシーンも見受けられます。

「過去問を流用すれば楽なのでは？」「過去のセンター試験を転用するのはどうか。誰からも文句は出ないはずだしミスもない」など、手作りせず出来合いで済ませようというファストな発想も飛び出します。まるで冷凍食品を温めて客に出すかのように。

そこには、大学のポリシーは影も形もありません。耳にするのは業務の負担の話ばかり。あったとしても、「今年の問題は外部の人に見られても恥じない良問だった」など、受験生の偏差値に見合った難易度を評価する程度。大学のポリシーは置いてけぼりです。

そして、入試問題作成にビジネスチャンスを見出した企業が着々と忍び寄ってきています。

「入学試験で手間のかかる著作権処理を一括で代行します」「過去問のホームページ公開や過去問の販売を代行します」「入学試験問題を1科目から制作代行します」「入試の事前・事後の検証を、入試のプロである塾・予備校講師が行います」「過去問や他大さんの問題も比較検討し、貴学に合った問題を作成します」「文科省さんによる最新の学習指導要領を常に反映するので安心です」「先生の手間を減らし、研究や教育に専念いただけます」「試験問題にミスがあった場合なども当社が責任を負います」など、ありったけの売り文句を引っ提げて。

入試問題は、そのアウトプットが重要なのではありません。良問が格安ででき上がればそれでよし、というものではない。

問題作成のプロセスで、学内の人間が、自学の特徴は何か、どこに向かおうとしているのか、どんなスキルとマインドの受験生に入学してほしいか、そうした答えのない問いに向き合い、手間暇を掛けることで、自学理解と一体感を醸成することに意義があるのではないでしょうか。安易な外注や安直なコストカットは、この点を踏まえていません。

学内関係者の心境は、広告代理店が作った自社のキャッチコピーを新聞やニュースで初めて知る社員と同じです。

巷でいくら新作のキャッチコピーが取り上げられ話題になろうとも、その制作プロセスに関与していないため、なんの愛着も湧かないのです。

大学教員たちは、専門家の性かもしれませんが、自分も専門家だから、その道のプロに任せたがるのです。作問は作問のプロに。「餅は餅屋」という論法です。「得意なことを得意な人がやるのが分業のメリットです」「お金で解決できることはお金で解決すべきです」などと正当化していた経済学者もいました。

カネで解決したいということは、その仕事はできればやりたくない面倒な仕事です、と言っているようなものです。アナタ方の得手は一体なんだったのか。それで授業が飛びぬけて面白くためになり、ズバ抜けた人物を輩出してくださるのなら話は別ですが。

受験生の皆さんが解いているその問題は、もしかしたら大学とは全く関係のない見知らぬ人がビジネスライクに作った問題かもしれません。

教員が「優れた意思決定者」とは限らない

高度な知識を持っているはずの大学教員たちなのに、なぜそんな体たらくになるのか、と疑問視する向きもあるでしょう。しかし、大学教員が保有する知識の大半は、俗世間であまり役に立たないものばかりであることを示唆するこんな実態もあります。

たとえば、「就職活動生の内定率に、どれだけ挨拶が有効か、データを取ってみましょうか」と真顔で提案して総スカンを食らったエビデンス・マニア。

学生による授業満足度評価において、できる限り高評価を得るために、「満点の5を設問項目の一番左に配置すると、人間の目線や行動特性から高得点が稼げると思われます」と研究成果を披露するアンケート・マニア。

退学率に歯止めがかからず、既存のアンケートでは学生の本音を聞き出せていないという課題を発見したのに、改善策として「もっと本音を書けるようなアンケートを実施したい」と言って、一向にリアルな生身の人間に向き合おうとしない可視化マニア。

こういった、専門といえば聞こえがいいですが、実際には趣味の洞窟に籠っているだけのマニアックなモグラ教員は少なくありません。専門分野は都合のいい隠れ蓑なのです。

かつて象牙の塔で暮らす雲の上の存在と目された大学教員は、今や地下の穴の奥深くに籠りっきり。地下に潜伏する彼らは、知識マニアであって、知恵を持った知者とはいえないようです。特定の専門分野について知識がないわけではないので知ったかぶりではありませんが、その知識を大学運営に即時反映できると考えるのは買いかぶりです。

つまり、優れた意思決定者とは限らないのです。先導に長けた船頭でないということは、優れた学者ではあっても、優れた経営者ではない、ということです。

関関同立の一角や日東駒専（日本大学、東洋大学、駒澤大学、専修大学）の一角では、『学生満足度調査』の回収率はわずか15％程度です。投票率が低いのにどうやって国民の声を反映させるのだと指摘される国政選挙でさえ、２０１４年の52・６６％が底です。

わずか15％の声から大学はどうやって学生の本音を把握し、施策に反映するというのでしょう。

「エサがないと学生は回答してくれない」という動物を手懐けるかのような声も学内から

多数上がっているようですが、大学と学生が、いかに信頼関係とはかけ離れた、冷めきった関係で結ばれているにすぎないかを示しています。

よほど学生に近い人物や平衡感覚に優れた人物が意思決定者にいない限り、知識マニアによって改善の方向性を見誤り、マニアックな方角へ突き進むのが関の山かもしれません。

多くの大学教員は「ふつう」の人

大学教員は遠い存在ではないのです。学校のクラスを思い返していただけるとイメージが湧くでしょう。

お勉強が得意な秀才が、必ずしもクラスをまとめられるとは限らない。頭がいい人が人がいいとも限らない。大学教員とて生身の人間です。特別視することはありません。

多くの教員は「ふつう」の人です。

日本の大学の数は約800校。この半世紀で2倍以上に増えました。数を増やせば質が自動的に上がるということはありません。

大学を創れば創るほど、有益な研究や優秀な人材が次から次に生まれるでしょうか。そんな虫のいい話はないでしょう。

曲がりなりにも最高学府です。最高の研究者と最高の教育者が、半世紀で2倍以上に増えると考えるのはあまりに早計で楽観的すぎます。ある大学の総長は「大学が８００校まで増えたのは規制緩和政策を進めた国の失敗だ」と明言しています。マンパワーが必要なとき、人材の質は高望みできないものでしょう。

たとえば、『学生満足度調査』では、教員のＰＣ内職やスマホいじりも学生から指摘されていますが、その様は会議中にＰＣで内職するサラリーマンと大差ありません。

前任校のパワポを使い回すのも、「横展開」や「汎用性」が大好きな昨今の企業人と変わらない印象です。

エビデンス・マニアやアンケート・マニアや可視化マニアの存在は、全てを言葉にせねば相手の気持ちが分からぬほどに、師弟の距離が開いてしまったということの証左です。言語化し、可視化し、データを取らねば安心できない体質になっているのです。

それは、悲しい現実かもしれません。弟子は師に全てを言語化して感謝を伝えるのか？

親は子に、恋人は相手に、思いを全てデータとして送ってもらわないと何も感じないのか？　人間はそんなにも不感症か？　感覚が麻痺してしまったのか？　最高学府でそんな人間関係が当たり前になっているなど、あまりに病的ではないか？　そう言いたくなる気持ちも十分に分かります。

新渡戸稲造は『武士道』（岩波文庫）で、「知識でなく品性が、頭脳でなく霊魂が琢磨《たくま》啓発の素材として選ばれる時、教師の職業は神聖なる性質を帯びる」と記しました。

しかし、残念ながら、知識や頭脳ばかりウリモノにしようとする彼らは、いいえ、知識と頭脳しかウリモノがなくなってしまった彼らは、オーラをまとった聖職者などではなく、オーラを脱ぎ捨てた一般人なのです。大学の数が急増したからといって、人格的にも能力的にも最高度の人材が急増するはずはありませんでした。

大学教員の裾野は広がり、フツーに成り下がったのです。

実務家にとって「オイシイ」教員業

もちろん、0から1を生み出す革新的科学者に誰もがなれるわけではありませんが、多くのサラリーマン教員は、発明された1を10や100や1000に応用・伸張させる役割なのです。量産学者は、先達による研究成果のおこぼれを頂戴するだけの遺産相続人であって、開拓者ではありません。でなければ、800も大学を創ったところで、教員のなり手がおらず破綻していたでしょう。

「誰でも」はファスト・サービスの特徴です。ファスト・サービスは職人芸を備えた熟練工を必要としません。「誰でも」できる仕事になった。大学教員もそうなりつつあります。そうでもしないと、急増した大学を賄えなかったのです。

幸い、大学教員は免許不要の仕事です。パソコン1台あれば、「誰でも」様々な情報にアクセスできるようになり、それらしいデータ分析や資料作成ができるようになった。記憶力に自信がなくても記録に頼ることができ、かつてのように、様々な分野の知識を頭に詰め込んだ百科全書的な偉大な科学者でなくても、凡人でも科学者の真似事ができるようになったのです。

好きなことを仕事にできたモグラ教員はラッキーなだけではないでしょうか。彼らは、たしかに時代の寵児ではありますが、同時に、幸運児でもあるのです。

その幸運児たちに期待されているのは、発明者ではなく発展者としての役回りです。職人仕事と違って、サラリーマンの仕事はそこまで特殊な技能を求められないものですが、大学教員はサラリーマン化しているのです。実務家教員が増えているのはその象徴的事例でしょう。

机上で鍛えた理論家に対して、市場で鍛えた実務家は「百聞は一見にしかず」を差別化ポイントに掲げ、築き上げたコネをフル活用してアイデアをどんどん実行します。

大学が量産され、研究者が大量に必要になった。結果、文字通り誰でもとはいいませんが、その辺にいる「ふつう」の人が大学教員になれるようになった。

教員免許もいらず、ソコソコの地位や名誉とマズマズの安定が保証されるわけです。しかも、不祥事など起こさなければ実質的に終身雇用。

それに、企業経営者ならば、アクティビスト（物言う株主）や社外取締役の監視のもと、何より消費者の動向に常に神経を研ぎ澄ませて毎日を過ごさねばなりませんが、大学教員は学生という消費者に気を遣う必要はありません。

なにせ、相手は自分に教えを乞う立場であり、こちらは教えを授ける立場にあるのですから。消費者を実質的に無視できるサービス業などふつうではあり得ません。

見方によっては、こんなにオイシイ仕事はないでしょう。しかも、教えるのは自分よりも無知な学生相手。こんなに気楽な仕事はないでしょう。

これには、「大学神話」が関係しています。「大学は行けるなら行っておいた方がいい」という、いかにも根拠薄ですが毎年人々が初詣のように吸い込まれ、その物的証拠によって、また翌年もそのまた翌年も安定的に顧客が獲得できるという神話です。

2018年に悪質タックル事件と裏口入学事件が起きた日本大学と東京医科大学。その年の事件後の一般選抜（筆記試験）の志願者数はどうなったか。日大が対前年度比約88％、東京医科大にいたってはわずか36％でした。

では、その後どうなったか。日大は問題が次々に噴出していますが、それでも志願者数は事件前を少し下回る10万人前後で一定水準をキープしています。東京医科大は約4000人の志願者を集め、なんと事件前を上回っています。

無論、事件からのこのレジリエンスは、両大学関係者の自助努力の賜物でしょうが、大学神話が下地になければ成し得なかった芸当でしょう。

だから学歴ロンダリング

大学神話を下敷きに、大学の急増で「ふつう」の人が大学教員になれるようになったため、大学教員はなるべく学生と差をつけ、権威を示すべく、努力します。誰でもウエルカムということは、誰彼構わず参入してくるわけですから、当然ライバルも多い。そのなかで勝ち残らねばなりませんから、差別化する必要に迫られるのです。

そこで、どうするか。見栄を張ります。お化粧をします。具体的には、少しでもイイ大学院に入るのです。たとえ出身大学が無名大学でも、大学院で有名大学に入れれば、最終学歴はそちらが前面に出るからです。この見栄は、巷で「学歴ロンダリング」と呼ばれています。

何人もの先生が口を揃えて言うのは、「学部生で東大に行くのは難しかったけど、院生なら簡単だった。東大の大学院はオススメ」です。

その是非や真偽のほどは措くとして、彼らの思考回路の前提に何があるのか。学歴志向があるのです。ブランド志向があるのです。

もっといえば、実力以上の看板を手に入れたいコスパ志向があるのです。名実伴わなくてもいい、世間で評価される「うまい」対象を、いかに「はやく・やすく」手に入れるか。「迅速・安価・良質」はファストの特徴です。

実務家教員志望者が、大企業出身だとかベンチャーで年商何億円稼いだとか、人事で何万人面接しただとか、分かりやすい数量的価値で有無を言わさず圧倒しようと試みるのも、構造的には学歴ロンダリングと同じでしょう。

大学教員という職業がコモディティ（汎用品）化して「ふつう」に成り下がり、価値が相対的に下がってきた。だから、周囲の教員陣と差をつける必要が生じた。

そこで、比較が容易で客観的な定量的情報に頼るのです。もちろん、そのゲームに参加するということは、上には上がいる、という無限競争地獄ではあるのですが。

これまでは、大学に進学すべきという「大学神話」と同時に、大学教員はなんとなく優れた人間であるという「大学教員神話」がありました。いずれも蜃気楼のようなものですが。

ところが、今では大学教員神話はなくなりつつあります。フツーに成り下がり始めたからです。

「ふつう」の進路選択

私たちとなんら変わらぬ「ふつう」の人だからこそ、やることも実に庶民的です。

既述の通り、大学には「シラバス」という授業内容一覧があります。飲食店でいえばメニュー表。授業の目的は何で、全15回の講義はどんな内容で、成績評価は何をもってなされるのか。それらが全授業分まとまった冊子がシラバスで、今はインターネットで誰でも閲覧可能です。東京大学では「授業カタログ」と呼ばれています。

あるとき、全国の大学で学生が噂する「看板授業」を聞いて回り、そのシラバスを調べたことがあります。

一見して驚きました。看板授業なのに、コピペや誤字脱字のオンパレードだったのです。

個人を誹謗中傷する趣味はありませんので名前は伏せますが、テレビやイベントに引っ張りだこの、あるジャーナリスト教員のシラバスは至極残念でした。

「教科書」の欄も「参考書、講義資料等」の欄も、「必要に応じて提示する」とあるのみ。そして、「関連する科目」「履修の条件」はいずれも「特になし」。

明らかに力が入っていません。これを見て、学生はどう思うでしょうか。何を読み取り、なんの準備をしろというのでしょうか。特にないなら最初からそんな欄を設けない方がよろしい。

就活生が履歴書に「特になし」などと書いたらどうなるか。一発アウトです。論外です。彼らがそうしないのは、本気だからです。この教授が、いかに大学生をナメているか、いかに教育に本気でないかが分かります。

なぜ、メニュー表であるシラバスが手抜きになるのでしょう。

大学の先生ともなると、きっと純真無垢な好奇心や、壮大な野心から専門分野を決めたのだろう。その分野に惹かれに惹かれ、恋をしたような感覚なのだろう。そう思って、あるとき尋ねたことがあります。

「先生はなんで今の専門分野を選んだんですか？」

「いや〜、いちばん食えそうだったから、ですかねー、正直なところ」

別の教員にも聞いてみました。

「女性として長く働ける仕事って考えたときに、大学教員はアリだなと。ただ、私は数学とか統計がチンプンカンプンで……。ケーススタディ中心のこの分野ならやれそうかな、と」

テーマベースではなくポジションベース。オイシイか否かで決める。何も悪いことはありません。そう。「ふつう」の人がすることです。

そこに情熱的な動機はなく、飯の種になりそうか否かを冷静な分析の目で品定めするのみ。打算はあっても関心はない。野心もない。

2021年にノーベル物理学賞を受賞した真鍋淑郎博士が、日本の科学技術の現状について語った「好奇心に駆られた研究が少なくなっている」という指摘は真実のようです。

今の社会秩序のなかでいかにうまく立ち回るか、何が最適か、という発想は、巷のサラリーマン並みに「ふつう」です。

大学教員の口癖のひとつは「学生に学ぶ意欲がない」ですが、教員にも「教える意欲がない」のです。

「ふつう」の肩書フェチ

獄中で約1500冊を読破した吉田松陰が聞けば驚いて失神するでしょうが、今の大学は「私は本を読みません」と自信満々に言い出す大学教員まで棲息する多様ぶり。本を読まない若者ではありません、本を読まない大学教員です。

それにしても、斬新な教員もいたものです。よほど自分の五感と情報収集力に自信があるのでしょう。論文の先行研究部分などはどうやって書くのだろうと不思議でしたが、なんのことはありません。そもそも論文を執筆していなかったのです。

なるほど、その手があったか。これなら、論文の被引用数などに気を揉む必要もありません。だって、そもそも引用される論文がないんですから。実に斬新な処世術です。

論文を書かない大学教員など教授でもなんでもない、言語道断である、と思われるかもしれませんが、この人が自分を名乗るときは大概「教員の誰某です」と言い、教員という肩書に誇りを持っているようでした。

教授に昇進した途端に、なぜか言葉遣いがタメ口になり、威張り散らした態度になった方もいました。威張らないと周囲に偉さを伝えることができないと考えたのでしょう。教授になったからとて別に人格が昨日と今日で変わったわけではありませんから、偉さの変化を示すには何かシンボルが必要です。シンボルとは分かりやすくなければ意味がありませんから、威張りはどんどん過剰になり、結果、威張り散らすことになったのです。

ただし、この肩書好きも、一般のサラリーマンにありがちなフツーのことでしょう。大学教員は、実務家教員以外もサラリーマン化しているといえるのです。

「ふつう」の差別意識

入学試験の舞台裏も苛酷です。

たとえば、高校までの成績が振るわなかっただけで、調査書（内申書）を眺めながら「これはなかなか取り返しがつかないわね……」などと、まるで犯罪記録にでも目を通すかのように怪訝な顔で嘆く教員。

明確なエビデンスに基づいていればまだましかもしれません。受験生が通信制高校だからダメだとか、欠席日数が多いのが懸念されるとか、『葉隠』を読んでいると話していたから思想が危険だとか、留学生だから授業についてこれるか不安だとか、親の職業がどうだとか、ひとり親だから云々など、評価項目に入っていない所感や雑感も少なくありません。

その大半は、然るべき根拠に基づいておらず、ただの感想や、極端な場合は直観的な好き嫌いで話している様子。属性で相手を分かった気になる早合点は、よく噛まず、味わうことなくファスト・フードを急いで飲み込むのと同じです。

よりによって、統計学者もこうした鵜呑みをやってのけているので驚きです。授業では学生に、「一概に統計的な結果を具体的な個人や組織に当てはめないように。特定の研究結果や実験結果がどの程度一般化できるかは分からないし、統計的傾向はあくまで平均したもの。前者は『外的妥当性』といい、後者は『平均処置効果』といいます。これ、期末試験に出すからね」などと教えているのに、です。

大学は、じっくりとものを考える場ではなかったのでしょうか。先生自身が臆断で決めつけるファストな態度では、学生に熟慮断行の逞しさが身につく道理はありません。

ある大学では、こんなこともあったそうです。面接当日に「今日はなんの面接だっけ？指定校推薦？　指定校だと落とせないんだっけ？」と、受験生が人生を賭けた大一番の日に呑気に現れたり、業務を忘れて遅刻する面接官がいたり、面接官が寝坊してキャンパスに偶然居合わせた別の先生が急遽「代打」したり。

さらに、面接後に「底辺校の高校生に限って心理学に興味を示すのよね」「ADHD（注意欠如・多動症）は絶対入れちゃダメ」「発達障害は私のゼミには入れない」「人畜無害なら入学させてOK」など、耳を疑う発言まで飛び交ったりもします。教育者の風上にも置けません。

オフレコだからなんでも言っていいというわけではない。ダメな理由を外部環境ではなく全て本人に帰属させ、おまけに不足情報を想像で補うなど、まともな科学者のやることではないでしょう。

合否を決める権限や入学後の単位付与の権限を持つ権力者としての適性もないでしょう。患者を見ずカルテしか見ない医者もいただけないですが、データさえまともに見ない学者はもっと下劣です。

でも、それが聖人君子でない「ふつう」の人だったとしたら、合点がいきます。「ふつう」の人であるからこそ、気づかぬ間に犯してしまいそうな過ちだからです。

別段、渡る世間は鬼ばかりだといいたいわけではありません。大学教員にもイロイロいる、ということです。鬼面仏心もいれば人面獣心もいる。専門家や研究者が聖人君子とは限らない。大学教員も玉石混交であり、それがキャンパスのリアルです。

世間の皆さん、大学教員を特別視しないでください。大学教員に過剰期待しないでください。彼らは、聖人君子ではありません。いたって「ふつう」の人なのです。

しばしば、大学教員の研究力の低さや論文の被引用数の少なさがニュースなどで取り上げられ、雑務などで研究している暇のない繁忙教員にもっと研究時間を、という論調が展開されます。これには、願ったり叶ったりの大学教員本人たちも「そうだ、そうだ!」と合唱に参加し同調します。

しかし、労働時間を減らすだけで優れた研究が増えるというのは眉唾です。民間企業のサラリーマンの労働時間をただ削ったところで生産性が向上するわけではないように。

忙しいときこそ、人の本性が出るものです。雑務に追われる忙しい大学教員たちのスッピンには、彼らにゆとりを与えれば真面目に研究と教育に力を注ぐと信じるに足る材料は見当たりません。

第3章

ファストを望む学生たち

学生は学生で多くを求めず

教員も教員ですが、学生も学生です。ファスト化する大学の片棒を担いでいるのは間違いありません。ニーズのないところにビジネスは成り立ちません。

それは、学生の要求レベルからも確認できます。学生は、多くを求めません。大学教員の教育劣化を促進しているのは、「単位さえくれればそれでＯＫ」という学生によるニーズも影響しています。そこに師弟の緊張関係はありません。

大学はお手軽でお手頃なものになっています。良薬口に苦しだとか、筋肉痛だとか成長痛だとか、そういった苦痛を学生は求めていません。

大学は激安でもなければ激アツでもない。そんなことは、学生は百も承知なのです。ソコソコ安くてソレナリにアツい。それでいい。

ファスト・フードが身体にとてもいいなんて端《はな》から思っていないのと同じです。サクッと食べられればそれでいい。それが美味しくてオシャレなお店なら尚良し。どうせ長居なんてしないいんだから。

ソコソコの割安感とソレナリの満足感。これこそ、ファスト・サービスの真髄なのです。そんな大学生は何に満足を感じているのでしょうか。

企業が顧客満足度を調査するように、大学は、学生に対して大学が提供するサービスの満足度をアンケート調査します。『学生満足度調査』と呼ばれるこの調査結果を用いて、多くの大学は「満足度8割」など広告商品の如くに宣伝するわけですが、実態はなかなかのヘビー級です。

「最も満足している支援体制の理由」という項目では、「楽しい」「面白い」「分かりやすい」という言葉が散見され、大学にファスト・サービスを期待している点が透けて見えます。

「図書館、ゆっくり休めます！！　いつもありがとうございます！！！」という、大学側の思惑とは真逆の利用法も、「満足」した点として回答されます。

「学生が落ち込むことは極力言わず、褒めて伸ばしてくれる」などは、大学への期待値の低さの象徴でしょう。どうやら、消費者に選ばれないと生き残れないというピストルを突きつけられた大学が、健康の維持や向上のことなど考えず、甘いお菓子ばかり与えざるを得ない、という構図は目に入っていないようです。
就職活動支援に関する満足度は露骨です。

「就活で手厚くサポートしてもらい内定を取るとかができた」はまだましですが、「履歴書など丁寧にかんがえてもらっている」という回答からは、自分の人生の運転席から降りてハンドルを譲っている印象を受けます。

たしかに、「オレは○万人を支援してきた！」「ワタシは上場企業に内定させた！」「今年は○○なんて有名企業に就職した子がいる！」「オレが企業に口利きしてやる」「オレんとこに来ないとあの会社は紹介しない」などと、ドヤ顔で他人の車のハンドルを握りたがる就職課の名物職員も全国にはチラホラいるので、鶏と卵なのですが。

生成AIがファスト化に拍車を掛ける？

学生が大学の教育に期待していない実態は、生成AIの登場で決定的になりました。ChatGPTの登場で、オモチャとして遊び出す大学教員の傍らで、経営陣は「どうする？ヤバくね？」と、学生の不正利用の予防策と罰則に関する議論を早々に開始。メールが飛び交いました。ルールやガイドラインを整備した大学も少なくありません。

案の定、デジタルネイティブの学生たちはものの見事に使いこなし、それらしいレポートや課題が次から次へとでき上がりました。「やべ〜楽勝じゃーん」と教室の最後列の不良学生から歓喜の声が聞こえ、最前列に座る超マジメ学生にいたっても、その威力は無視できないものとなったのです。ニンジンをぶら下げられたとき、人の本性は炙り出されます。

生成ＡＩの影響は、学生や研究者による不正利用や、適正利用だとしても人間の思考力に何を及ぼすかなど、多岐にわたるでしょう。

そうした影響の分析や未来予測はその道の専門家にお任せするとして、ここで取り上げておきたい議題は、なぜ生成ＡＩが大学にとって脅威か、どのように大学を揺るがしているか、ということです。

それは、距離の問題です。大学生と大学教員の距離感は、一般的にいって、小中高のそれ以上に遠いものです。

もちろん、ゼミ教員など特定の教員との距離は近いでしょうが、そうした一部の密なコミュニティを除けば、多くの学生と教員は顔と名前が一致しない、よそよそしい関係です。人となりが不明瞭な相手に教え、学んでいるのが昨今の大学の構造です。相手の個人情報がよく分からないから、試験で採点する際には、どうしても解答用紙やレポート頼みになる。それしか手掛かりがないからです。

教員と学生の距離が近ければ、たとえば生成ＡＩで書かれたものがあまりに高尚すぎて不自然でも、本人と二言、三言会話すれば、思考度や学習度は推し量ることができるでしょう。

大学が今の規模や運営方針などの商習慣を変えない限り、生成ＡＩが大学を脅かすのは、構造的で宿命的な問題であり続けるでしょう。生成ＡＩは、ファスト化する大学に拍車を掛けたのです。

松下幸之助と大学半減論

これまでも、大学の体質改善を説く声がなかったわけではありません。なかでも抜本的な大学改革を主張したのは、「経営の神様」と呼ばれた松下幸之助です。彼は、『崩れゆく日本をどう救うか』（ＰＨＰ研究所）のなかで、日本を救う具体策の一例として「東京大学をなくしたら」という一節を設け、「大学にしろ学生の数にしろ、いまの半分に減らしてもいいのではないか」と提案しています。

その真意は何かというと、「真に資質ある人が大学に行くようにするわけである。そうなれば、大学の価値も高まるし、先生の質もいま以上によくなってくるであろう」という算段です。

さらに、副産物として、東大をなくすだけでも約１５００億円の国費が生まれ、全国の大学を半減すれば約２兆円の国費が不要となる。大幅な国費節減により、低所得者の税金をタダにできたり、国民の福祉向上に使えば効果的だし、空いた土地の有効活用も可能になる。したがって、大学半減論は「一石三鳥、四鳥で、いいことずくめだ」と論じています。

「もちろん費用の節減ということが主要な目的ではなく、大事なことはあくまで、ふさわしい人が進学するということ」という主眼を念押しして。

松下幸之助が大学半減論を説いたのは１９７０年代。大学は約４００校、学生数は約

１６０万人で、高校生の大学進学率は約30％程度でした。

それが今では、「神様」の忠告とは裏腹に、全ての指標が約2倍になっています。倍増した結果、どうなったか。少子化の進行も加わって、大学現場では大学の再編・統廃合や経営破綻の足音が聞こえ始めているのです。政府や文部科学省も動き出しました。大学淘汰のXデーに備えて、大学同士が連携や統合するためのマッチングシステムを開発するというのです。

これには、大学関係者から憤りの声が上がっています。「仲人か縁結びの神様にでもなったつもりかね？」「文科省さんはイイよね～潰れないんだから」「大学は自由に競争せよ、という割に、都合のいいときだけ介入してくるんだよね～蛇口を閉めたり緩めたり。悪平等もウザいけど、文科省がやってる〝悪自由〟もナカナカだよね」「調子がいいときは大学設置基準の大綱化で大学を増やさせ、調子が悪くなると〝努力不足〟を理由に自然淘汰させる。で、今度はマッチングサービス？　まるでマッチポンプだな。正義のヒーローから解体屋やキューピッドまで、コスプレに忙しい人たちだね～」など。

現場の悲痛な叫びは様々あるものの、大学が倍増した事実は変えられません。これだけ大学の数が増えたということは、「神様」が警告した通り、ふさわしくない人が大学進学している、と考えて差し支えないでしょう。

ここでいう「ふさわしい」とは貴賤貧富や学力の優劣のことではありません。最高学府にあるべき物事に対峙する際の構え、すなわち思考態度のことです。

内定とれない東大生

周囲の流れに身を任せて進路を決定しがちな受験生にとって、大学進学は熟慮のうえの選択ではありませんから、副作用はあとから生じます。何も考えずに薬を飲んだ場合と同じです。

象徴的なのは、東大に入っても就職活動で内定をとれない学生がいることです。東大就職研究所による『内定とれない東大生』(扶桑社新書)には、生々しい悲痛な叫びが記されています。

「これまでずっと自分の意思で生きてこなかった」「何ひとつ自分で決めてこなかった人生なんで、結局、何がしたいかわからないんです」。そして、なかには、「東大には何も世界を知らずに生きていける心地よさはあるが、それでいいのか」という逡巡も見られ、「東大という肩書をもってしても、自分と向き合えていない人間は内定がとれない」と分析を加えています。彼らはとにかく与えられたテスト問題を高速で解いてきただけ。クイズ大会の勝者にすぎません。

かつて大学には、何年も留年して大学事情にやたらと詳しい謎の大人が住み着いていたものです。ところが、今ではそうした人生の遠回り組はほとんど見掛けません。それは、「ごゆっくり」されると大学が困るからです。就職率が悪くなると次の学生募集に悪影響が出ます。インターネットやＳＮＳが普及した今、そうした情報は尾ひれが付いて拡散されていきます。口コミのリスクは馬鹿にできません。

ファスト・サービスの店員が「ごゆっくりどうぞ」とお客に向かって言うのはリップサービスで、本当は長居されると他のお客さんが入れなくなるため迷惑なもの。ファスト化した大学も同じ。大学は、新陳代謝に気を揉む回転率ビジネスになりつつあるのです。

頭のいい東大生でも苦戦するのが就職活動。各大学は「ストレート卒業率」など新たな指標を作り出し、学生を４年間で社会に送り出すことに必死です。

かつて日本の大学は、入学したら自動的に押し出されて楽勝で卒業できることから、トコロテン式だと揶揄されましたが、今の大学は自ら進んでトコロテン大学になろうとしているのです。

東大はあくまでアイコン的に取り上げたまでで、他の大学も御多分に漏れず同様です。あるとき、早慶上理のある学生に言われました。

「総合商社に内定貰ってたんすか？　いいっすね～！　Windows 2000じゃないっすか～オレだったら絶対そっち行ってますね（笑）」

「Windows 2000って？　パソコンの？」

「違いますよ（笑）。知らないんすか？　窓際族になっても年収2000万円は貰える会社のことですよ。サイコーじゃないっすか」

別段、彼らの選択を非難したいのではありません。職業観や労働観は人それぞれで大いに結構。いかに、ミーハーな学生が、世間で良しとされる大学にも紛れ込んでいるか、という実態を共有しておきたいまでです。

たとえば、テスト前になると各授業の過去問やシケプリ（試験対策プリント）が流通しますが、その時期だけ学内のコピー機は大混雑。普段は話したこともない教室の最前列に座る真面目学生に「ノートを貸してください」と菓子折りを持って頭を下げる不真面目学生もいます。

こうなると、どこのコピー機が空いているかや、誰のノートが綺麗でまとまっているかなどの情報戦を制し、交渉術に長けた者が勝者となります。一体、なんのテストをしているのでしょうか。

無論、大学教員も見て見ぬふりなわけで、共犯なのですが。

就職率の数字トリック

就職活動は、そんな大学生のミーハー具合が一気に噴出するイベントです。みんな、将来がかかっていますから、本気です。

それまで教室の最前列で真面目に授業を受けていた学生も、後方でスマホゲームに勤しみカップラーメンを食べていた学生も、猫も杓子も必死になる。

無論、入学前に大学側がぶら下げたニンジンのせいもあります。大学のパンフレットを開けば、ほとんどの大学の就職率は95％以上。これでは比較材料になりません。ご承知の方も多いでしょうが、この数字のトリックは分母操作にあります。

数字は、個々人の思想・信条を問わず万人を納得させやすい便利なツールですが、それゆえに注意して取り扱わないと、見えない操作や見せ方の工夫による錯覚に気づかず鵜呑みにしてしまいます。

就職率のどこにトリックが隠されているか。大学がＰＲする就職率とは、厳密には就職決定率であり名目就職率。「就職決定者／就職希望者」で算出しています。つまり、学生１００人が就職を希望したとして、95人が就職できたら就職率は95％、というわけです。家業を継ぐとかアルバイトで食い繋ぐとか、とにかく大学にとって都合の悪いデータは非就職希望者として、分母にカウントしないのです。卒業生や在学生全体を分母にすれば、実質就職率は必ず下がります。巧妙なトリックは注意すべきトラップなのです。

この数字のトリックは業界ではよく知られた常套手段です。たまに、「うちの大学では就職率は操作していない」と言い張る強情な大学があります。もちろん、どの大学も正しい情報には違いありません。問題は、算出する前に数字をイジっている、ということです。

流石にイマドキ就職率を気にして進学する高校生は少ないだろうと思われるでしょうか。全くそんなことはありません。高校生向けの大学説明会イベントなどでは、高校生も高校教諭も保護者も大学の就職率を気にしています。ワークシートや質問事項に「就職率」と書かれているケースも珍しくありません。就職支援は、大学が揃えておくべきサービスメニューのひとつだと認識されているからです。

各大学は、面接練習や履歴書添削などのテクニック面での助言から、ざっくばらんな進路相談まで、就職支援を強化・充実させています。『中期計画』には、「上場企業への就職率○％」「インターンシップ参加率○％」といった目標数値まで掲げられている。かつて「就職予備校」と揶揄された大学ですが、その後反省するどころか、益々勢いを強めています。

これには、社会的要因も関係しているでしょう。大学全入時代といわれる昨今、行ってもものにならないかもしれないけれど、大学くらい出ておかないと話にならないのです。就職するための通過点として大学を通らねばならないと考えている高校生。彼らの口から「就職するために大学に行くんですけど」と聞いた数はうなぎ上りです。

この場合、大学進学率は支持率ではありません。受験者の数はファンの数とは限らないのです。

大学によっては、「ウチは就職予備校ではありません！」と営業トークをかますところもあるにはあります。が、消費者は現実的です。「就職予備校で何が悪いんでしたっけ？」とストレートです。

たしかに、ファスト・サービスと化した大学ならば、何も悪いことはない。学歴と就職支援が抱き合わせになったセット商品を、お金を出して受け取れればそれでいいのです。

モンスター・スチューデント

そんなお客様意識は入学後も簡単には変わりません。大学教員は教え子だと認識していても、学生の方は、自分は金を出した消費者であり、対価に見合った見返りを受け取ることができるお客様であり、なんなら神様だと思っているケースもあります。

学生のパワーは侮れません。彼らにそっぽを向かれると大学人は食い扶持を失うからです。すると、どうしても学生の要求にある程度は合わせざるを得ない。消費者の言うことを聞かざるを得ない。

授業が分かりにくい、単位付与の条件が厳しすぎる、学食メニューがショぼい、学園祭がダサい。こうした不平や不満は誰だって感じること。問題は、それをそのまま口にし、問題の解決どころか愚痴の吐露で終始してしまう点。権利ばかりを主張する歪さ。そこに違和感を覚えず平然としている体質。

ある女子大では、入学前のイベントに参加した高校生から電話で「椅子に座っただけなのにズボンが汚れた」との苦情が入り、大学はそのズボンをクリーニングに出し直送返却しました。

しかし、「まだ汚れが取れていない」と怒りは収まらない様子。仕方なく弁償で幕引きを図ろうとするも、メルカリで購入したのでメーカーなどは不明。同じ商品が見当たらずお金を貰っても買い直せないと言うのです。

こうした受験生もどんどん入学しているのが今の大学です。私は消費者。さあ、金は払ったのだから、サービスを提供してちょうだい。それが、本音なのでしょう。

見て取れるのは、他責と他力本願。自分は消費者であって生産者ではない、この境界線は一歩も越えない。ここから一歩も動かず、指一本動かさず、食事を口に運んでくれ。そんな、モンスター・カスタマーに似たモンスター・スチューデントです。

お坊ちゃん先生のお坊ちゃんぶりは既述の通りですが、お坊ちゃん学生のお坊ちゃんぶりもまたアンビリバボーです。お坊ちゃんがお坊ちゃんの世話をするのですから、大学は大変です。互いが自己利益を主張し合うのですから。

なかでもそのかまちょぶりが遺憾なく発揮されるのが、就職活動です。

ある学生は会社の説明会で垂直に手を挙げ人事担当者にこう質問しました。

「全ての企業の方にお聞きしている質問があるのですが、私、承認欲求がとても強い方でして、御社ではどうやって私の承認欲求を満たしてくれますか？」

他にも、大学の就職課にやってくるなり、「オススメの会社、あります？」「ボクの履歴書を書いてほしいんですけど。明日までに」「ワタシの強みってなんだと思います？」と聞いてくる学生もいます。

会った瞬間にそんなことができるのは超能力者です。でも、彼らは大真面目です。優秀でない学生ばかりがそうなのではありません。

彼らは、ファスト・フード店でレジに並ぶなり目当ての商品を注文するように、「オススメの会社」「履歴書代筆」「強み抽出」などをサービスとして受け取れると思っているのです。

今の学生たちは大学をどう見ているか。一言でいえば、図書館から病院に変わりつつあります。

今の学生は、「いつか役に立つかもしれない」は求めません。「今すぐ役に立つ」をご所望です。患者が治療を求めるように。オススメの会社を聞いてくる学生は、「ボクに効くクスリ、ありますか?」と聞いてくるのに等しいのです。彼らが求めているのはサプリじゃありません、クスリです。遅効ではなく速効です。

だから、彼らは大学を知の拠点だなどと考えてはいません。診療や治療、施術や手術を受けられる病院と同じようなものと考えているのです。

大学のファスト化は、大学が教養教育を諦め実用教育に舵を切った時点で始まります。

大学から「師弟関係」が消える?

大学のファスト化により、教員と学生の「師弟関係」も総じて失われつつあります。それは、大学教員のモチベーションダウンに影響しているようです。

ある著名大学で名誉教授を務めるマーケティングの専門家は、ゼミの学生の就職活動に「物足りなさ」を感じると漏らしておられました。

学生に大人気のこのゼミ。卒業生の就職先だけを見ると、実に華々しい。老舗企業から今をときめくスタートアップまで、誰もが知る企業や団体ばかりです。

では、なぜ教授は物足りないのか。

「ちゃんと考えてるのかなあと思うんだよね。いい子たちなんだけどね」

つまるところ、ミーハーな意思決定への疑義なのです。自分の頭で考えたのか、という。

君たちにはマーケティングを教えたはず。在学中は企業の分析を様々な角度から行い、堂々とプレゼンしていた。

ところで、君たち自身の人生のマーケティングはどうなのか。まさか、自分の市場価値すら考えずに周囲に流されて決めたわけではあるまいな。そんなお気持ちなのでしょう。でも先生、それは無理難題です。だって、大学選びのときからそういう人生選択をしてきたんですから。

彼らにとって人生選択の判断基準は単純明快。どうやったら勝ち馬に乗れるか。彼らのプリンシプル（行動原則）はシンプルです。

現に、この先生のゼミに人気が殺到するのも、「勝ち馬に乗れそう」という理由からです。世間体のイイ就職先に自分も仲間入りできそうだと打算が働くからです。

教授にこう聞いてみました。

「で、先生はその『物足りなさ』を学生にはお伝えに？」

教授答えて曰く、「いや、なかなか言えないよねえ。だって、一概に悪いともいえないからね」。

ここに、ジレンマがあります。

人生選択の良し悪しは事前に判定できません。賢愚はあとからしか分からない。それに、意思決定は個人の自由でもある。だから、赤の他人は口出しできない。立入禁止区域です。

そこに本音の助言をできるのは、師を措いて他にいません。お節介が嫌がられる昨今において、そこに踏み込めるのは、師以外いないでしょう。

しかし、将来の不確実性と個人の自由から、名誉教授をもってしてもそこには踏み込めません。それほど、消費者という立場は強いのです。

学問を勧め、日本で初めて授業料を取った福沢諭吉は、学問がこんな事態になっていることをどんな気持ちで眺めているでしょうか。教育が、人と人とが濃密に交わることでなく、皮相な知識移動や淡白な金品交換に終始している今の状況を。

「落ちこぼれ」と「浮きこぼれ」と「吹きこぼれ」

教育業界ではよく、「落ちこぼれ」が問題視されます。周りのみんながスラスラできることができずに躓いてしまい、落第者の烙印を押されてしまうのです。

では、落ちこぼれなかったら、その後、なんの問題もなく順風満帆に社会という大海原で航海できているのでしょうか。

実は、全くそんなことはありません。2つ、問題が生じています。

ひとつは、社会がその人の才能を見逃してきた場合に発生します。既存の社会の枠組みではすくいきれず浮いた存在となり、社会からこぼれ落ちていってしまう。せっかく才能があるのに、周囲に目利きがいないため、宝の持ち腐れです。こうした人や状況を、教育業界では「落ちこぼれ」に対して「浮きこぼれ」といいます。

そしてもうひとつ、「吹きこぼれ」の問題も看過できません。これは、それまでの課題は難なくクリアしてきたものの、大学を卒業する際の進路決定や、卒業後の仕事で躓くケースです。

内定をとれない東大生などは、まさに、最後の最後で沸騰したお湯が鍋からこぼれてしまうような、「吹きこぼれ」です。先ほどのマーケティング名誉教授が危惧した、的中してほしくない悪い予感もこちらでしょう。

この、「吹きこぼれ」は厄介です。お勉強を真面目にこなし、問題児的な行動を取ることもなく、大学に入るまでは特に問題を生じません。先生からも評価され、家族も安心しきっており、ノーマークなわけです。それが、大学入学後、沸騰したお湯のごとく、あっという間に吹きこぼれてしまいます。

その症状は様々で、受験勉強で極度に神経をすり減らしたためバーンアウトする（燃え尽きる）学生もいれば、就職活動でなかなか内定がとれずに自暴自棄になってしまう学生もいます。うまく就職できても社会人として全く活躍できずコースアウトするケースもあります。

たとえばエリートが集まる京都大学。「もっとも京大らしい」京大教授といわれる酒井敏さんは、『京大的アホがなぜ必要か』（集英社新書）のなかで「あまり問題のなさそうな明るくて積極的な学生でも、単に要領よく周囲から高い評価を得ているだけで、必ずしも自分の意志がはっきりしているわけではない」といいます。そして、そういった学生の方が「深刻な時限爆弾」かもしれない、という優等生問題を指摘されています。

この優等生問題を身近に感じるシチュエーションがあります。大学の事務職員は安定した楽な仕事だと思われているのか、小さな大学の事務職員でも中途採用の求人を出すと数千件の履歴書が送られてきます。そのなかには、世間で「上位大学」とされる大学出身者も多く、所属企業も華々しい会社名が並びます。

しかし、転職希望の理由を膝詰めで聞けば、「思っていた仕事と違った」「就職してみてしんどくなった」「社会に出てから、実は自分には上昇志向がないことに気づいた」「答えのない問いに向き合うのは疲れる」などという方が少なくありません。

イヤイヤ、大学の事務職員も楽じゃないし答えがない仕事なんですが……。つまり、上位大学だろうが有名企業だろうが、その程度の労働観・キャリア観・人生観しか培えていないということ。大学がいかに吹きこぼれ人材を量産しているか、が垣間見えます。

現在進行形の「3年3割問題」

「吹きこぼれ」は、あとになって爆発的な問題を生じるのです。「3年3割問題」はまさに社会問題です。これは、大卒者の新入社員のうちの約3割が、入社後3年以内に辞めてしまっているという統計的傾向です。厚生労働省の報道発表資料によれば、なんとこの「3年3割」問題は、1987年から一貫して継続していることが分かります。「深刻な時限爆弾」は約40年間も爆発しっ放しなのです。

デジタルネイティブ世代と呼ばれ、アクセスできる情報の量と質も格段に向上したはずなのに、数々の大学改革施策が実行されてきたはずなのに、ミスマッチによる吹きこぼれはそこかしこで多発している、ということです。

ファスト・カレッジが輩出する人材がファスト・リタイアというのは皮肉です。大学教員のなかには、「社会で通用する力を身につけるため、学生に武器を授ける」と息巻く方もいらっしゃいますが、付け焼き刃という武器はいくら研いでも付け焼き刃に変わりはありません。一時的には即戦力になれても、その先に待ち受けているのは、即、戦力外です。

大学生には、社会に簡単に適応できる学生とそうでない学生がいます。前者はほんの一握りでしょう。ほとんどは、社会と折り合いをつけるために、何かしら悩みを抱えており、スムーズに社会を渡り歩いているとは思えません。

ただし、社会に適応できないといっても、そのタイプは様々で、少なくとも、ドロップアウトした「落ちこぼれ」だけで一括りにすることはできません。他にも、社会からシャットアウトされた「浮きこぼれ」や、世間の荒波に揉まれノックアウトされた「吹きこぼれ」が存在しているのです。

こぼれた彼らは、何より本人が不幸なわけですが、社会にも悪影響や損失をもたらします。こうなると、大学は人材輩出機関ではなく人材排出機関です。

CO_2を減らせ、SDGsだ、エコだ、なんだという割に、公益事業である大学が「公害」の多い教育をしているとしたら、あまりにお粗末です。

第4章

期待されないファスト大学

ファスト・サービスとの根本的相違点

ここで、今一度確認しておきたいことは、大学の今は、レジャーランドでもなければ象牙の塔でもないということ。1店しかないオリジナルの高級店ではなく、どこにでもあるチェーン店。大学教員と学生の思惑がどうであれ、そこでやり取りされているのはファスト・サービスです。

しかし、大学はファスト・サービスと完全に同じではありません。むしろ明確に違う点がある。それは、本当の意味では「人気がない」ということです。

大学教員は「私の研究は社会的意義がある」「我が大学は素晴らしい」と自信満々です。そんなにいいものなら、自分から出向いて教えに行けばいいものを、基本は受け身で待ちの姿勢です。

経営者に会ってもいないのに経営学者と名乗り、経営学という先学の余韻に浸るだけの経営学学者がなんと多いことか。

流行に左右されず、常識に囚われることなく、持論を展開するような自ら輝くピカイチの恒星型学者は一握り。ほとんどは、誰かから光を貰うイマイチな惑星型学者です。一丁前に振る舞っていても、実は先人の助けや周囲のお膳立てで光っているだけ。余得に与《あずか》っているだけです。

知識量や知識レベルでは古人を上回っているかもしれませんが、探求心に根ざした野心的態度は、これまで学問を切り拓いてきた先輩学者たちの足元にも及ばないでしょう。

そんなこともお構いなしに、大学教員は、教えを乞い、教えを買いに来た者だけを相手に商売します。いえ、厳密には、来る者を拒み、来た者のなかから選り好みさえする始末。

供給側の思い上がりともいえる姿勢は、ファスト・カレッジとファスト・サービスの相違点です。ファスト・フード店の経営者は、自分たちが高級料理を提供しているなどとお門違いなことは思ってもいません。むしろ、ファストに誇りを持ち、ファストの必要性や重要性を信じているのです。

國學院大學の吉見俊哉さんは、大学は、若者が社会に出るための「通過儀礼」から脱却し、人生の「マルチステージ」を繋ぐ役割を果たすべきと説いています。

ですが、現状では、「日本の大学は社会から期待されていない。入試と就職の間の『通過儀礼』と捉えられている。入試で測れる偏差値は企業から信頼されているものの、大学で学ぶ効果はよく分からないと思われている」と指摘しています（『日本経済新聞』2023年8月19日付朝刊）。

ファスト・サービスは来る者を拒みません。この点は、ファスト・サービスと大学が根本的に異なる点です。ファスト・サービスは、人気があるどころか、世界中で大人気です。ファスト・フードにファスト・ファッションなど、みな、絶大な人気を誇っています。

一方で、本当の意味で人気を失いつつある大学。もちろん、大学教育は食べて終わりや買って終わりではありません。Uber Eatsが料理を運んでくれるように、誰かが学びや教育を運んでくれるわけではない。

また、カネを積めば積むほど高価な教育が受けられるとか、高級取りや高貴な人間になれるとか、そういった単純な取引でもない。

ファスト・フードは金銭と商品の授受で双方の役目は一通り完了します。その後、客側が食べ物を残そうが店側がお金を何に使おうが、お互い知ったこっちゃない。責任外です。

教育は、そういうわけにはいきません。教壇に立って視覚と聴覚に訴え情報を伝達すれば任務完了、というわけにはいきません。教育は時間差で芽を出しますから、本来、教師は後々まで見守らねばなりません。芽を出したあとだって、瑞々しさが不足しているときは水をやり、変な方向に進みそうなときは陽光に向け変えるフォローやケアが必要です。

「人間っていうものは、このたいせつなことを忘れてるんだよ。だけど、あんたは、このことを忘れちゃいけない。めんどうみたあいてには、いつまでも責任があるんだ。まもらなけりゃならないんだよ、バラの花との約束をね」とは、サン＝テグジュペリの『星の王子さま』（岩波少年少女文庫）に登場するキツネの忠告です。

大袈裟にいえば、師弟関係は生涯続くのです。学費と学位の受け渡しでお役御免、とはならないのです。

こうした点も、ファスト・サービスとは違うわけですが、大学の現状としては、ファスト化に舵を切っています。

大学のファスト化は、大学を中から見るだけでなく、大学が外からどのように思われており、どのように扱われているかを見ることで、輪郭がよりはっきり浮かび上がるでしょう。

「余計な教育しなくていいんで」

まず、大学を人材供給機関として眺めてみましょう。

よく会社で「アイツは東大なのに使えない」なんてセリフを聞きますが、そもそも東大生全員が「使える」と思っている側の前提が間違っているのです。

東大に限らず、多くの大学の新卒者が入社後すぐに独り立ちすることは稀です。企業の採用担当者からは、特に文系学生において、「特別な専門知識は不要」という宣伝文句が謳われますし、ある社長からは、「大学さんでは余計な教育してもらわんで結構ですんで。うちで育てますから」と、こちらで自由に絵を描き刷り込むからまっさらな白紙のままよこしてくれ、と言われたことも一度や二度ではありません。

それはつまり、大学のやっている教育はままごとであり、その人材育成は二流であり、なんなら有難迷惑である、ということでしょう。

大学というオイシイ職場に安住する大学教員が育てる学生です。鳶が鷹を生むことは稀で、ほとんどの場合、蛙の子は蛙、というのが世間の相場。井の中の蛙です。企業側からすれば、余計な手出しはしてもらわない方がいい、というのが本音なのでしょう。

これに対する大学教員の反論は、「我々の仕事は低俗ですぐ役に立つような力を身につけさせることなどではない。大学はもっと高尚で深遠なことを教える場である」でしょうか。しかし、そんな薫陶を受けたはずの卒業生たちに、「先生方の教育は社会では全然通用しないっすよ」と言われているのが、悲しいかな、大学の外から見た実態なのです。


全ての企業が大学の教育に期待しないと明言しているわけではありませんが、行動は嘘をつきません。

昨今のインターンシップや新卒採用活動の早期化は、年々その勢いを増し、とどまることを知りません。この流れに呼応するように、大学では入学直後のオリエンテーションで、多くの大学が卒業後の進路についてアナウンスし、キャリア科目まで設けるほどです。この流れは何を意味しているのか。大学の教育に期待していないということに他なりません。大学での教えと学びに価値を見出していないということです。

企業人が大学に期待しているのは、スクーリング機能ではなくスクリーニング機能です。

つまり、大学を人材育成機関ではなく人材選別機関と見做しているのです。彼らは大学を不要とは言いません。なぜなら、地頭のイイ人材を選り分け、イイ感じの母集団を安定供給してくれる供給源としては価値があるからです。

高校生の約6割が進学し、運営費交付金と補助金だけで文部科学省の予算約5兆円の4分の1を占める国費を投入し、総勢約45万人の教職員が働く全国約800の大学。この、ほとんど国家総動員の一大プロジェクトが、単なる学生の仕分け作業の役割しか果たせていないのだとすると、いよいよ大学の存在意義は疑わしくなってきます。

ある人事担当者の皮肉は強烈でした。

「大学なんてさ、つまんない授業なんてしてないで4年間SPIだけやっとけばいいんじゃないの？　そしたらFラン大学でもソコソコの企業に入れるかもよ？　保護者のニーズはそっちでしょ？（笑）」

SPI（Synthetic Personality Inventory）とは、企業が人材の採用を行う際に、学歴や職歴などの表面的な情報に囚われることなく、応募者の能力や性格を把握する目的で実施する「適性検査」と呼ばれるテストの一種。多くの企業で導入され、公務員の採用試験でも活用され始めています。しかし、だからといってSPI対策だけを4年間教えていろというのは、いくらお坊ちゃん先生たちでも黙ってはいないでしょう。

大学が変われない構造的ジレンマ

これには、大学側のジレンマもあります。自学に学生が入学し、お金を落としてもらわねばならない以上、大学は2つのことを訴求せねばなりません。

一、いかに○○分野が社会で必要か
一、いかに我が大学での学びが○○分野で最有力か

「○○」は時代によって変わりますが、いずれにしても、社会に必要とされていないことを学ぼうとする学生は少ない。そして、いくら社会から必要とされていても、他の大学の方が魅力的に映れば逃げられてしまいます。

すると、どうなるか。「○○という分野のことがウチで全部学べるよ」という言い方に

どんどんシフトしていってしまうのです。ＡＩのことが全部学べる。ＳＤＧｓのことならオールオッケー。自動運転はお任せあれ。

その分野のことで学べないことがあると思われてしまうと、逃げられてしまうのでは、という恐怖からです。

しかし、学問領域が細分化し、最先端の分野にも栄枯盛衰がある以上、「我が大学にさえ入れば全てが学べる」というのはまやかしでしかありません。

ひとつの大学に4年間通えば学び尽くせるほど、学問領域は狭くも浅くもありません。むしろ、どんどん広がってゆく。学びの必要十分を規定することなどできません。

ここに、ジレンマがあるわけです。

大学教員も学びが自学で完結しないことくらい、百も承知です。しかし、それを受験生に伝えるのは至難の業。つい、「ウチに来たらなんでも学べるよ」と言ってしまう。所詮はつまみ食い程度なのに、「フルコースだよ」と言わざるを得ない。

ところが、「なんでもありまっせ」と擦り寄ってくるところに人は魅力を感じません。なぜなら、結局何があるところなのか分からないからです。何屋さんか分からないのです。

どの大学も共通して宣伝しているのは、つまるところ「素晴らしい人材を輩出します」ということ。ところが、誰がどう考えても、特定の科目を学ぶだけで社会に有為な人物が育つはずはない。面白い授業をひとつ履修すれば「素晴らしい人間」になるか。そんなことはあり得ない。人間形成は様々な知見や経験を通じてなされるからです。

とすると、ひとつの授業では到底事足りず、色んな授業が組み合わさって、しかも個々人に合わせてうまく調合された状態で届けられねば、栄養にはならない。ジャンルの異なる各素材を巧みに料理するという、この凄腕シェフのような芸当を、個人商店気取りの教員たちは十中八九できません。他人の専門分野に口出しできず、そもそも興味もないからです。

学生にも、主体的に学ぶ態度と学びをカスタマイズしコーディネートするスキルが求められますが、それとて、与えられる教育に慣れきったお客様意識では望み薄です。

よって、各大学が異口同音に声高らかに宣言するマニュフェストは、ほとんど実現されることなく、ただの大言壮語に終始しています。言いっ放しなのです。理事長や学長がどれだけ本気でも、現場にはフリーライダーがうじゃうじゃいて、未達でも追及もされない。

集団的手抜きによる掛け声倒れの状態をよく目にします。

とはいえ、ジレンマがどうであれ、大学が人材供給機関として期待されていないことに、変わりはありません。

大学は労働力の宝庫

大学教員の十八番である研究も、彼らが期待するのとは裏腹に、ぞんざいに扱われる傾向にあります。

企業と大学は「産学連携」などといって、タッグを組むことが稀ではありません。企業は資金力や開発力を提供し、大学は研究力を提供する。互いに強みを持ち寄ることで、研究開発を前進させ、社会に貢献する取り組みです。

新商品の開発に欠かせない頭脳と体力。アイデアと試行錯誤。これは、いくら優秀な企業の社員でも、同質的な人間だけで考えていてはいつか枯渇します。かといってコンサルティング会社に頼むのは高額だしコスパが悪い。

コスパが良いのはどこか。大学です。なぜなら、大学は無償で労働力を提供してくれるからです。

大学は、学生になるべく多くの経験を積ませることがひとつの使命です。当然、社会経験も積ませたい。企業の商品開発に携わる経験ができるなんて願ったり叶ったり。稀有な実践経験です。

そこで、大学は、ゼミ活動の一環などで学生を企業に派遣したり、定期的にミーティングを開催したりして、企業活動に参加させてもらうのです。真剣に考えたアイデアをプレゼンし、企業にぶつけます。もし採用された際には、喜びは一入《ひとしお》です。貴重な経験となり、就職活動のネタにも使えるかもしれません。

企業にとっても、こんなにオイシイ話はありません。無償でアイデアが得られるのですから。それだけではありません。アイデアを試す実装段階では、単純作業を含めて労働集約的なタスクが山ほどあります。それも、学生にとっては「全てが経験」という大義名分がありますから、喜んで引き受けてくれるでしょう。外注しようものなら、その分の対価を払わねばならないところが、0円なのです。大学は、労働力の宝庫ともいえるのです。

大学は口実になる

とはいえ、なぜ、そうまでして企業は大学と手を組むのか。学生のアイデアなんて稚拙なもんです。プロの企業の皆さんからすれば、使い物にならないオアソビ程度のレベルも少なくないのではないか。そんな疑問も湧いてきます。

利益を生まねばならない企業は、いつだって合理的です。企業が動くとき、そこには明確な理由があります。無償の労働力以外の面で、企業が産学連携に積極的な理由は何か。「失敗しても言い訳ができること」だと感じる機会が少なくありません。

企業における新商品の開発担当者や企画担当者は孤独です。正解が分からず、世に出しても売れるか否か、確証はない。そんなとき、大学の教員はすがる対象としては抜群です。そして、一緒に研究・開発を行ってダメだった場合、大学教員のせいにできる。「あの先生がやってもダメだったんで」と社内に説明がつく。万一学生が関わって何かミスがあった場合も、「学生がやっちゃったんで」と言えなくもない。大学は、口実になるのです。

ということは、大学は企業からいいように使われている可能性が高い、ということです。商売人は巧みですから、企業の皆さんは笑顔で擦り寄ってきます。企業にとって利益が全てということはありませんが、利益が不要ということはもっとありません。

大学は、商品開発のダシに使われるだけのリスクが常にあります。そういう目で見られている、ということです。「都合がいい」や「便利」はファストの代名詞です。

当然、多くの大学は社会人による学び直しやリスキリングの場とは見做されていません。学生募集に苦戦する大学ではしばしばこんなお題が経営ボードから提出されます。

「18歳人口は頭打ちである。よって、今後は社会人を相手に商売をしてはどうか。売るものを変えるのも経営だが、売る相手を変えるのも経営である。次年度から『脱18歳中心主義』でいこう」

ごもっとも、です。ただし、売り物が高価であれば、という条件付きです。

もしも、これまでお行儀のいい18歳を相手にぬるま湯に浸かってきたのが大半の大学教員ならば、全身が鈍《なま》りきった彼らが大人相手に教えられる保証はありません。

ましてや社会人。企業人。彼らが肥えたのは体だけではありません。目が肥え、舌も肥えた彼らを相手に耐え得るコンテンツを提供できる大学教員が、はたして日本全国に何％いるでしょうか。

さらに、日進月歩で技術革新が進む昨今。不易ならばまだしも、流行を追うとなれば、大学に分はありません。むしろ、最先端を社会人から学ばねばならない立場かもしれません。ファスト化しつつある大学に、「脱18歳中心主義」はオーバーリクエストではないでしょうか。

友人の企業人に「大学でリスキリングとか学び直しって現実味ある？」と尋ねたところ、「大学院じゃなくて？　日本の大学？　ないない。大学のセンセイに社会人を教えるなんてムリっしょ」と一笑に付されてしまいました。

大学の〝金縛り〟

企業からの見方の次は、国からの見方です。国は大学をどう見ているのでしょうか。

高校までと違って、大学は自由なイメージがあるかもしれません。たとえば、高校までの教育・学習の内容や時期は、文部科学省が法令に基づいて定めた『学習指導要領』によって、凡そのアウトラインが決められています。大学にはこうした縛りはありません。また、教え手の条件も異なります。高校までの教諭には教員免許が必要ですが、大学の教員は免許制ではありません。この点は既にお伝えした通りです。

では、大学は自由ではないか。このように考えるのは早計です。

教育の中身と教え手がフリーでも、大学を縛る方法はまだ残されています。そして、その手法は大学運営の全てに影響を及ぼすため、結果的に教育内容をも縛ることになります。

その手法とはカネです。カネがなければ大学は運営できません。カネがなければ、いくら研究や教育をしたくても叶いません。大学は金で自由を縛られている、文字通りの金縛りです。文部科学省は、何かにつけて補助金で釣り、補助金でペナルティを科します。

カネは、暴力と違って罰だけに使えるアイテムではありません。褒美にも使えます。カネはアメにもムチにもなる。賞罰いずれにも使える汎用的な権力ツールがカネなのです。

２０２５年4月に開学予定のＺＥＮ大学（仮称）。Ｎ高／Ｓ高も手掛ける運営母体のドワンゴ社らしく、ネットの学びだけで大学卒業資格を取得できる先進的な大学です。

このＺＥＮ大学は、「補助金を貰わない」という方針を設立発表会で明らかにしました。

「補助金を貰うと色々と煩い」「雁字搦《がんじがら》めになる」。そう語っていたのは鈴木寛チェアマン。文部科学副大臣も務めた、大学の金縛り実態をよく知る人物です。

大学業界では、この、国から補助金を貰わない日本初の私立大学の誕生に、歓迎の声、羨望の声、批判の声、嫉妬の声など様々な声が渦巻いています。

ということは、いかに日本の大学がこれまでカネで縛られてきたか、という証左です。全ての声は、思うように身動きが取れない金縛りへの悲鳴に聞こえなくもないのです。

恐るべしカネの威力

カネのインパクトはいかほどか。国立大学の場合は「運営費交付金」という名目でカネが与えられます。令和４年度の決算報告書を見ると、最高額の東京大学では年間約８００億円。収入全体の約３割を占めます。最低額の鹿屋体育大学では約14億円で、収入全体の約５割に該当します。

私立大学に与えられるカネは「補助金」。日本にある約８００の大学のうち、８割程度は私立大学です。そのなかで、特別な事情を除いて補助金を貰わずに大学を運営している大学は皆無。海外と違って寄付の習慣も根づいていないため、自給自足は高難度。大学は、国からのカネなしではやっていけない。それほどのインパクトがあります。

では、補助金の交付と不交付の基準は何か。これは、いたってシンプルです。文部科学省の言うことを聞くか否か、です。善にはカネを与え、悪からはカネを取り上げる。勧善懲悪です。

では、善悪とは何か。

「善」は国が求める分野の研究に努めるか、国が求める人材の育成に努めるか、です。たとえば自動運転技術や医療技術やサイバーセキュリティといったトレンドの分野の研究。ＩＴ技術やＡＩに精通したデジタル人材や起業家の育成。その時々の流行り廃りはあれど、いずれにしても、国や文部科学省が考える「いいね」が「善」とされます。

一方の「悪」も同じです。補助金カットの要件は、募集停止や管理運営不適正が挙げられます。記憶に新しい不交付大学は、東京福祉大学と日本大学でしょうか。

前者は約１６００名の留学生の行方不明が発覚してカット。後者は元理事長の脱税事件やアメフト部員の薬物事件などによりカット。いずれも管理運営不適正が不交付理由です。

特に、日本大学は全国の補助金交付額で首位を争うほどで（約90億円）、それが3年連続カットとなり、世間を騒がせました。学生からの納付金はコンスタントに維持しており（年間約940億円）、法人全体としてみれば、日本大学病院を持つ日大は、医療収入も収入源として温存していますから（年間約500億円）、経営破綻ということはないのでしょう。

しかし、イメージダウンや口コミ効果を加味すれば、少なくとも大学運営へのインパクトは小さくありません。

震え上がったのは日大よりも…

そして、日大の補助金カットに日大関係者と同じかそれ以上に衝撃を受けたのは、日本全国の大学関係者でしょう。

日大はもうやるしかありません。膿を出し切れるかは不明ですが、問題が発覚した以上、バケツだろうが手桶だろうが、なんでも使って火消しせねばならず、とにかく動くしかない。ある意味で火事場の馬鹿力が働き、妙な一体感も生まれるかもしれません。

一方で、他の大学は気が気ではありません。戦々恐々の日々です。「文科省は容赦ない」「次は自分たちかも」「叩けば埃なんていくらでも出る」と、処刑台に呼ばれないよう神頼みしているのが現実です。

大学人は長らく、偏差値や規模の上から順に、受験生もカネも降りてくると思い込んできました。自ら獲得しにいくというよりは、東大を頂点としたシャンパンタワーの上からのおこぼれを頂戴する受け身のスタンスです。

カネさえあれば良い教育ができるかというとそうではありませんが、カネがなければ何もできないことは確かです。

罰には、当事者をこらしめる直接的効果だけでなく、非当事者を恐怖で震え上がらせる間接的効果もあります。

カネで手足を縛られると人はどうなるか。萎縮します。萎縮するとどうなるか。何かにチャレンジしようとする気概がなくなります。そして、オカミの顔色を窺うことに神経を研ぎ澄ませるようになります。

反対に、補助金獲得のためなら、契約書の署名を偽造したり、文書の書き換えを指示したり。開催していない会議の議事録の捏造なんてのを平気で指示するトップも出てきています。財務省の公文書改ざんではありません。少なくない大学が渡ろうとしているルビコン川です。

金で飼い馴らされ、金を握られた組織はこうも自由がなくなるのです。主義主張を言えなくなるのです。

大学は国や文部科学省に物を言えません。それは、支社が本社に物を言えないような構図にそっくりです。親分子分のタテ関係です。

ファスト・フード店でも、支店にはそれほど権限がありません。新商品の企画も開発も本社が担うのが一般的。そのための研究開発施設は別にあります。

店舗は決められたメニューの提供場所にすぎません。期待されている任務は売上の最大化。もちろん現場は重要な拠点ではありますが、日常を回すことで精一杯なのです。

大学も、基本的な教育施策を考え、青写真を描き、ルールを決定しているのはオカミです。各大学は、決められた枠組みのなかでの自由があるのみ。日和見主義の風見鶏と化した大学に主義主張はなく、御都合主義と事なかれ主義が支配的なようです。

非力な私立大学

設置者が国や地方公共団体である国公立大学がオカミに物を言えないのはまだ理解できるかもしれませんが、私立大学の力不足も否めません。

元来、国や文部省の方針を絶対視せず、真理や真実を探究し実践的にそれを証明せんと努めてきたのが私学の教育運動でした。

学問を勧めた福沢諭吉は、ただ学問を推奨しただけではなく、学問の独立を重んじていました。彼は「政事と教育と分離す可し」と論じ、政治の教育への介入に反対しています。「政治は人の肉体を制するものにして、教育はその心を養うもの」であるため、政治が教育を牛耳ると「精神の奴隷《メンタルスレーヴ》」が跋扈する社会に陥る、というのが彼の意見です（『文明論之概略』岩波文庫より）。

国がヒトづくりをするだけでは人材の幅として不十分で、だからこそ彼は私立の教育機関にこだわり、慶應義塾大学を創立しました。国家の奴隷ではなく、独立自尊のヒトづくりをするために。

早稲田大学にしてもそうです。「明治十四年の政変」で敗れた大隈重信が下野して東京専門学校を創立し、その後改称された早稲田大学。創立者の大隈は、「活字を弾丸にして長州を撃つ」といい、官になびかず民につく「在野精神」「反骨の精神」を標榜したといいます。

同様の課題感は東日本特有ではなく、西の新島襄も共有していました。中央で華々しく立身出世する優秀な人材もいいけれど、民衆とともに歩み、事が起これぱリーダーシップを発揮できる社会奉仕型の人材を重んじた彼が、「自ら先生となるにあらずして、却って身を社会の犠牲となし、社会の進歩を計るの人」を育てんと設立したのが、同志社大学です。

福沢や大隈や新島の私学思想の影響もあって、日本の高等教育はその後、私立が重要な役割を担ってきました。現在ある約800大学のうちおよそ8割が私立大学であり、在学生数約300万人のうち私立大学に在籍するのはおよそ8割に達します。

その私立大学も、補助金という金で釣られ、既に文部科学省という国の機関の傘の下に入り、思うような大学運営ができていません。

今や各大学は、独立自尊のヒトづくりをするどころか、食っていくだけで精一杯。入試問題を外部業者に委託しようという動きさえ出てきており、建学の精神はどこへやら、という状態です。

大学教員が言いなりになる2日間

毎年1月中旬に行われる大学入学共通テストの当日は、異様な光景で複雑な心境になります。

普段は学生に向かって「自分の頭で考えよ」「誰でもできる仕事に就くな」「機械に取って代わられるな」などと口酸っぱく言っている大学教員が、この2日間だけは何も考えず、ひたすら言われた通りのことを、決められた時間ぴったりに行うからです。日本全国で、秒単位で行動が決まっているのです。

決められたセリフしか発することができず、ちょっとでも不明点があると全ては大学入試センターに問い合わせ。

1年間のうちこの2日間は、大学教員に思想・信条の自由もなければ言論の自由もない、頭と体が支配された奴隷のようです。

これぞ、真っ先に機械に取って代わられるべき仕事ではないでしょうか。それなのに、この2日間のために毎年約5億円もの人件費を掛けて実施しているのです。

しかし、大学教員は何も言わない。あれだけ自由奔放に振る舞うお坊ちゃん先生も、このときばかりは大人しくしている。

ちょっとイイ弁当にありつけて、言われたことをその通りにやるだけで手当も2・5万円ほど貰えるから、イイ小遣い稼ぎくらいに思っている人さえいる。

全国約700の会場・約1万の試験室で、約50万人が一斉に受験する一大イベント。それを担う約16万人の教職員。大学教員約460名が2年がかりで作成した試験問題と、解答用紙約360万枚。それらを輸送する専用コンテナの数、約2万個（各数値は文部科学省の「大学入試のあり方に関する検討会議」資料より）。

膨大なヒト・モノ・カネが織りなす2日間の国家イベントは、いつどこでどんなトラブルが起きてもおかしくないのに、実際にはほとんど無事故無違反。

一時期検討された記述式問題の導入は、公平性と労力を理由に瞬殺されました。人が人を育てるのに、採点者の主観が入るとまずいようです。手間暇を掛けて人を育てるよりも、フェアネスやコストを優先させる。

国や文部科学省は、この2日間を通して確信していてもおかしくありません。大学は我らの言いなりである、と。

プラセボ大学

ここまで、大学が外から期待されていないことを見てきました。

大学は、研究と教育が二大仕事です。その効能が期待されていないのに、卒業生を多数輩出しているということは、プラセボと同じです。

プラセボとは、外見は薬と全く同じなのに薬としての効き目がない偽薬のこと。本物そっくりですが、有効成分は入っていません。

多くの大学は、確かにキャンパスを構え、大学設置基準を満たし、大学教員も教室もある。毎日授業も行われている。しかし、研究と教育がしっかりなされているか、オリジナルのポリシーがあるか、というと、ここまでにお伝えしてきた通りです。

馬子にも衣装。お坊ちゃんにも肩書。衣装を着せれば取るに足らないものでもなんとか様になる。それらしく立派に見える。専門家を雇い、研究ごっこや教育ごっこをしておけば大学としてお墨付きを得ることができ、最高学府を気取ることができる。逆にいえば、見た目が立派でも中身が伴っていないことがある。

学校教育法の第83条で、大学は次のように定義されています。

「大学は、学術の中心として、広く知識を授けるとともに、深く専門の学芸を教授研究し、知的、道徳的及び応用的能力を展開させることを目的とする」

全国の大学は、この定義をどの程度満たしているでしょうか。有効成分はどれくらい入っているでしょうか。苦い薬を甘い衣で包み服用しやすくした糖衣ならば、薬に変わりはありません。しかし、プラセボ大学は外側の糖衣だけで内側の薬用成分はすっからかん。もぬけの殻なのです。

全ての大学がそうだとは申し上げませんが、私立大学の約半数が定員割れを起こしている今、ここまでのサンプルを見る限り、偏差値の上から下まで、地域の西から東まで、多くの大学はプラセボ大学の可能性があると思っておいて差し支えないでしょう。

学部設置基準の緩和、カリキュラムの自由化を伴う1991年の大学設置基準の大綱化を機に、地盤沈下はゆっくりと、しかし着実に進行していたのです。大学バブルに便乗し、設置基準の条件クリアに奔走しただけの便乗大学は、名ばかり大学であり、名実が伴わぬアンバランス大学と言わざるを得ません。少子化以前はなんとか騙し騙しやってこれました。ところが、気がつけば大学の数が増える一方で子どもの数は減る一方。この需給バランスの崩壊が、プラセボ大学の厚化粧を少しずつメイクオフし、素顔を暴きつつあるのです。

そもそも「最高学府」というネーミングは、誤解を招きがちです。受験生や社会の期待値が上がってしまうという意味で誤解を生じやすいのはもちろんですが、何より、大学教員自身に勘違いを引き起こしがちです。

最高学府に君臨する大学教員は、センセイや専門家と社会からヨイショされ、どうも自分たちを社会のトップクラスだと自任しているように思えてなりません。10年以上付き合ってみての、偽らざる実感です。

象徴的なのはカネ事情です。たとえば、高校生向けに大学の説明をするイベントが全国で開催されています。大学にとっては、ズバリ営業活動です。

この説明会業務を、事務職員が行う場合は移動時間込みで5時間以上の場合のみ日当

1500円、という大学があります。ところが、同じ仕事を大学教員が行えば手当は1回1万5000円、たとえ30分でも、です。話がどれだけつまらなくても、です。同一労働同一賃金ではないのです。

これは一例ですが、10倍も差がつく桁違いの待遇では、大学教員という身分を勘違いしてもおかしくありません。味を占める輩や、寄ってたかってくる輩がいても不思議ではありません。

覚えてもらえない幽霊教員

プラセボ大学を実感するのは、大学教員も学生も、互いの顔と名前を大して覚えない、という点です。

ある大学ではこんなことがありました。実学を自負する自称実務家教員の授業で、全15回の授業のうち、初回と最終回以外は全て外注し、キャリアコンサルタントが13回登壇したのです。

そして、期末試験のとき、当該科目の担当教員の名前をテスト用紙に書く欄があったのですが、ほとんどの学生が登壇した外部講師の名前を書いてきた。ある学生は、外部講師を「先生」と呼び、大学教員のことは呼び捨てにしていたほどでした。

幽霊部員ならぬ、幽霊教員です。

それでももちろん、コマ数にはカウントされますから、給料は全額支払われます。授業は教員のやりたい放題。無法地帯です。

自著のみをテキストにして印税を稼ごうとする大学教員など、まだ可愛いものです。なぜなら、学生には買わない自由が残されており、ほとんどの学生はシェアするか回し読みするかのいずれかだからです。

でも、授業の外注は次元が違います。にもかかわらず、学生は茶化しこそすれ、文句を言うわけではありませんでした。期待した商品と違った商品が差し出されたことに、違和感を覚えないのでしょうか。

これがお薬です、と言われて差し出されたものを、有効成分が含まれているか否かも確認せず飲み込む。

授業料を払ったのは、大学教員から直々に学ぶためだったはずなのに、実際に登壇したのは初回と最終回の2回。外部講師の方が大学教員より話が面白いからOKだとかそういう問題ではありません。

そもそも、誰から教わろうが意に介さない。サービス提供者は不問。姿形が大学っぽくあれば、中身はなんだっていい。まさに、プラセボです。

既に大学を卒業された皆さん。当時教わった教員の名前と顔は覚えていますか？　彼らから何を学び、摑み取りましたか？　今、どんな実をつけ、花が咲いていますか？

大学教員の皆さん。今まで教えた相手の顔と名前は思い出せますか？　彼らに何を教え、何を授けましたか？　どんな種を蒔き、どれほど水をやりましたか？

一部の懇意にするゼミ教員やゼミ生を除けば、大半の相手のことは思い出せないはずです。思い出せるだけの思い出がないのですから、仕方ありません。そんなことは、どうだっていいことだったからです。顔も名前も知らない相手と過ごす4年間。大学とは、そういうところです。

大学は入試問題も授業も外注し、就職支援でも外部業者やキャリアカウンセラーの力を借り、外注しています。文部科学省が推進する改革総合支援事業で補助金を貰うために必要な『学生満足度調査』の実施から集計・分析まで外部業者に外注する大学もあります。なんでも外注。入口から出口まで全てアウトソーシング。「選択と集中」といえば聞こえがいいですが、一体何に集中しているというのでしょう。どんな成果が出ているというのでしょう。

どうせほとんど来なくなる授業

学生が意に介さないのは、授業の履修においても同様です。教室のキャパシティを超える人数が履修していてもなんにも気にしない。別に、人気授業だから学生が殺到しているわけではありません。

大学側は、「時間が経てば経つほど出席者が減っていき、最終的に残るのは履修者全体の5割程度だろう」という見込みで授業設計しているのです。つまり、どうせ来なくなる、と高を括っているわけです。まるで、「この授業は大して人気がありませんよ〜」とネガティブ・キャンペーンを展開しているようなものではないでしょうか。

全員が来る想定ができない程度の授業ならば、そもそも開講しなければいい。履修人数の計算をする暇があったら、最高の授業にする努力に時間を使うべきでしょう。大学ビジネスも客商売であるという意味では、消費者への冒瀆です。学生相手だから、そんなだらしないことがまかり通るのです。

にもかかわらず、学生は特に文句を言いません。むしろ、学生は楽に単位が取得できる「楽単科目」だと言って喜んでいる。休校で喜ぶのも同じ。根本は通底しています。

履修人数だけではありません。在籍人数も同様に計算されています。大学のなかには、毎年一定の退学者がいるため、退学率を加味して多めに入学者を確保するという、目が円マークの大学もあります。経営判断としては正しいでしょう。

一定の範囲内であれば、入学定員より多く受け入れること自体は国の定めるルールにも抵触しませんから、上限いっぱいまで入学させる方が売上にはプラスです。

ですが、そもそも退学しないような工夫をしているのでしょうか。まず見直すべきはそちらではないのでしょうか。

誰でもよかった

学生が文句を言わないことを不思議に思われた方もいるでしょう。せっかく高い学費を払っているのだから、然るべきサービスを受けられないのなら元が取れないではないか、損をするではないか、と。

ところが、そんなことはないのです。彼らにとって、サービスとは授業のことではないからです。

ファスト化した学生のお目当ては卒業・学位・学歴。つまりは大卒資格です。

学生が大学に文句を言うのは、単位を貰えないときです。卒業できなさそうなときです。それまで温和だった羊は、突如牙をむき狼に豹変します。

お目当ての大卒資格が得られなければ、これまで投資してきたカネと時間が水泡に帰すからです。

「先生、単位くれるって言ったじゃないですか?」「なんで○○ちゃんは単位貰えて私はダメなんですか? あの子だって、大して出席してないですよ?」「遅刻したのはケータイの充電が切れてて……」

そのとき、初めて教員と学生は相対します。その応酬は、さながら、不良品にケチをつけるクレーマーと、冷や汗をかきながら失言しないよう慎重に言葉を選ぶ店員のやり取り。「お坊ちゃんvs.お坊ちゃん」で、なかなかの見ものです。両者の関係は、少なくとも、師弟関係からは程遠いドライな関係です。

学生の豹変ぶりと怒り心頭具合。それに応対する大学教員のよそよそしくも毅然とした態度。繰り広げられるその光景から、分かることがあります。教える相手も、教わる相手も、「誰でもよかった」ということです。

結果、教え手も学び手も、互いの顔と名前は覚えていません。大卒、〇〇大学出身、という効能さえ手に入れば中身の4年間はなんだっていい。誰が誰に教え、誰が誰から学ぶのか。そんなことはどうだっていい。極端にいえば、そういうことです。

有効成分なき卒業資格

ただし、「だから大学は不要だ」と結論するのは早計です。

大学には、心のある大学教員も、力のある大学教員ももちろんおられます。そういった先生方からは学生の不出来を嘆く愚痴を聞いたことがありません。

しかし、悪貨が良貨を駆逐するように、お坊ちゃん軍団が少数精鋭を駆逐し始めています。そこに学内政治で足の引っ張り合いでも重なると最悪です。

今の大学に意味はあります。偽薬としての意味ならば。高度な研究や教育の効果があるわけではありません。飲ませる人が信じ込ませ、飲む人が信じきっている間だけ効果が見られるプラセボ効果です。

大学にいれば研究した気になれる。授業をすれば教えた気になれる。大学に行けば学んだ気になれる。授業を受ければ賢くなった気になれる。

みんなが信じきっている間は、プラセボ効果は健在です。大学に行かないより行った方がお得なはずだと信じきった結果、得をしたと悦に入っているだけの話。直言すれば、自己暗示による自己成就であり、自作自演による自己満足です。

大学時代に自分はレベルアップしたと感じる人もいるでしょうが、それは必ずしも大学で進化や脱皮したわけではありません。大学が全てを提供したわけではありません。別に、大学じゃなくてもレベルアップしていたかもしれないのです。大学の純粋な貢献度は高が知れているでしょう。

逆に、せっかく大学を卒業したのにイイ生活ができないと自分を卑下する必要も、こんなはずじゃなかったと大学を恨む必要もありません。本来の有効成分を得ぬまま卒業資格を手にしただけの話だからです。

偽薬としての大学。プラセボ効果をまとった大学。有効成分が入っていない薬でも、患者に精神的な安心をもたらすことで、症状が好転することを期待できます。「これを飲めば良くなる」「大学に行けばなんとかなる」という思い込みや暗示です。

本当は、有効成分など入っていません。大衆化した大学教員はなんの専門家でもない。学生の頑張り次第で確かに充実した学生生活は送れますが、それは「有効な教員」が存在するからではありません。

だから、学生生活が充実しない場合や就職がうまくいかない場合は、大学教員のせいにしても仕方がありません。本来「有効成分」はないのですから。

大学の歴史は、本物のカレッジから、有効成分だけを含んだジェネリック・カレッジへ。そして、有効成分すら入っていないプラセボ・カレッジへと移行しつつあります。

第5章

ファスト・カレッジの活用術

学生と教員の息の合った社交ダンス

ここまで、大学が、いかにその理想の姿からかけ離れているかの実態の一端をお示ししてきました。

端的にいって、今の大学は、入口から出口までファスト化しつつあります。経営破綻を防ぐべく、「背に腹は代えられぬ」とばかりに、入学要件も進級要件も卒業要件も、なし崩し的に緩めつつあります。

ファスト・アドミッションにより学生を急場凌ぎで受け入れ、ファスト・カリキュラムによって学生を促成栽培し、ファスト・ディプロマによって卒業証書を量産している――。それは、ファスト・スタディを志向する学生と、ファスト・ティーチを志向する教員の、息の合った社交ダンスです。

当然、そこで学生に付与される各授業の単位《クレジット》はファスト・クレジットですから、そんな人材が即戦力として社会で期待されるわけもないでしょう。

受験生にはファストな入試を提供し、在学生にはファストな授業を提供し、社会にはファストな労働力を提供する。

よって、既に大学を卒業されている社会人の皆さんは、同じ母校に通う後輩がまるで自分たちとは似ても似つかぬエイリアンのように思えても、ショックを受けないでください。そういうものだとご理解ください。大学経営は、それくらい逼迫している、ということです。


ここまで読まれた方にはあまりに残酷な現実であり、大学で教える気も学ぶ気も逸してしまったかもしれません。しかし、深刻な状況を見て見ぬふりをしたり、隠蔽したりする。そちらの方が、いくらか残酷ではないでしょうか。

それに、大学は短所だけではありません。長所も見所もあります。まだ。使い道は残されており、オワコンにはなっていません。

なるほど、大学はお坊ちゃんたちが暮らすショッピング・モールかもしれない。ドライブスルーで過ぎ去るだけのファスト・サービスかもしれない。プラセボ効果くらいしかないかもしれない。しかし、それならばそれなりの、それに相応しい、利用価値があるはずです。

大学を最大限利用するにあたって、手始めに着手すべきは、頭のなかにある「コスパ」の方程式を見直すことです。

大学全てが実験室

大学生1人当たりの費用は、平均すると4年間で490万円ほど掛かります。国税庁の調査によれば、日本の労働者の1年間の平均年収は458万円（2022年）ですから、お子さん1人がストレートで卒業するには、1年間働いて得たお金を全て子に投資せねばならない計算になります。

そんな大金がコスパの「コスト」であり、金銭的コストの他にも時間的コストや精神的コストも掛かってくる。それでちょっとした思い出と大卒の学歴を得るだけというのでは、あまりにコスパが悪い。元が取れません。

せっかく4年間も通うなら、得られるものは余すところなく得た方がお得です。

たとえば、大学をまるごと実験室にしてみるのはアリでしょう。外で実験をすると手間やリスクも多いもの。学内ならばヒト・モノ・カネが揃っていますから、大いに失敗できます。

ネット時代やSNS時代に、人々に伝えたいことを伝えるにはどうすればいいか。それを、学内でテストマーケティングすることもひとつの手かもしれません。

卑近な例でいえば、私は学生数名とチームを組み、トイレに着目しました。人のトイレ時間はわずか数十秒から数分ですが、人の目線はまず壁に向きます。そこで、トイレ報という学内広報誌を壁に掲示し、定期発行し、情報伝達の試行錯誤を始めました。

企画会議を開き、取材・デザイン・掲示まで全てこなすことはもちろん、人気の企画は何か、色々と実験してみました。

学生からのアイデアは実に多彩で、かつてのバラエティ番組『笑っていいとも！』のテレフォンショッキングのように、大学教員の数珠繋ぎ紹介コーナーを設ければ、授業とは違った教員の側面が見られて学内が盛り上がるのではないか、広告スペースを設けてみたらどうか、など様々でした。学食メニューの投票を企画し、食堂のチーフに掛け合い、実現したメニューもあります。また、トイレから事前に盛り上げた学園祭のコンテスト企画は、キー局の報道番組で取り上げられました。

教室で学ぶことや、外にフィールドワークに出掛けるだけが学びではありません。学内でまだまだ使い倒していないリソースが存分に有り余っているのです。ないものねだりをし、手を拱《こまね》いて4年間が過ぎて終わるなんて、もったいなさすぎます。

大学は、大きな実験室だと思えばいいのです。実験すれば発見があり、発見があれば探検が楽しくなるでしょう。面白いのは、そこからです。

追加料金不要の「学び」

学生は、大学教員から教えてもらう一方だと思い込んでいます。大学教員とは、教えを乞う対象であり、サービスを提供してくれる人。しかし、その見方は固定化した観念です。

大学教員は知識もカネも持っているのですから、支援者として巻き込んでみるのも手です。ソフトバンクの孫正義さんも、学生時代に教授を口説き、音声付き自動翻訳機を開発してシャープに売り込んだ経験の持ち主です。

ビジネスプランを持っていき、仲間に引き込めば、こんなに心強い専門家はいません。東大や早慶上理でもそこまでやっている学生は稀ですから、すぐに頭角を現せるはずです。ビジネスに繋がるか否かは別としても、優れた知見が得られることは間違いありません。

そして、成功失敗を問わず、そこまでやりきった経験は糧になるでしょう。就活のためなどという目的で始めては価値半減かもしれませんが、結果として、就活でも語れるエピソードになることは折り紙付きです。

別に起業するつもりなんてないし、という学生も、学ぼうと思えば大学教員をつかまえて学べばいいのです。

授業のあとに駆け寄ってみるのもアリ、メアドも公開されているのですから、最低限の礼儀をわきまえてコレコレが学びたいから教えてほしいと教えを乞うのもアリ、デジタル時代だからこそ手紙を認《したた》めてみるのもアリ。それらは、授業料に含まれているのです。追加料金不要の学びです。しかし、待っていては決して訪れない学びです。

コスパ方程式の見直しは、行使されていない権利に目を向けるのがポイントです。宝の持ち腐れがないかを点検してみるのです。

大学教員の出身大学がどの大学でも似たり寄ったりという実態を先にご紹介しました。この事実を逆手に取れば、知見という意味でのクオリティ・コントロールは効いているのですから、学び尽くせばいいのです。

使えるものはなんでも使う。時に図々しく。時に厚かましく。もちろん、最低限の敬意を忘れずに。

そこまでしないと教えてもらえないのか、という声もあるかもしれません。お金を払っているのになぜ大学教員は全力を尽くさないのだ、無責任だ、と。

正論です。しかし、世の中は正論だけで成り立ってはいません。授業は誰だって待ちの姿勢でも受けられますが、それ以上の学びを得ようと思うなら一工夫が必要です。耳寄りの情報や裏メニューやおまけを貰うには、自分から店員に声を掛けねばならないのです。

学生は学内取締役

学生には教わること以外にも重要な任務があります。それは、モニタリングです。大学の品質管理は、国が大学経営陣をモニタリングするだけでは不十分です。学生も、大学教員をチェックせねばなりません。学生は、学内取締役です。

大学教員による明らかな手抜きや不届きがあった場合には、毅然と対応すべきでしょう。大学サイドに声を上げるもよし、SNSで発信する方法もあるでしょう。自分たちの生活空間を改善していく心掛けは、臣民ではなく市民として生きるには必要不可欠です。口が立つ専門家の言いなりにならない予行演習としても良いトレーニングになるはずです。

大学の裏側をお話しすると、1人の声では大学は動きませんが、1人の声がきっかけでまとまった声になると、大学は動かざるを得ません。

コロナ禍を思い出してください。

授業がオンラインに移行するなか、対面講義がないことを契約の義務不履行だと訴えた明大生や、コロナ感染による欠席への救済措置がなく単位不認定とされたことを不当だと訴えた東大生。そこから、授業料返還や施設料返還を希望した学生は全国に広がり、自主退学者まで出ました。これは、大学サイドに強烈なメッセージとなりました。

学生は大学教員をチェックすべし、とお伝えしましたが、クレームばかりのモンスター・カスタマーのようになるべし、ということではありません。モニタリングとパトロールは異なります。四六時中監視され、萎縮してしまっては、クリエイティブな仕事はできません。

大学教員の持ち得る知見・経験を余すところなく引き出すべきとお伝えしましたが、かといって、所持品全てを差し出せ、と迫るカツアゲや、いいから全てを話せ、と迫る事情聴取のようであってはいけません。

教育は、単なる情報の受け渡しでは完結しないからです。咀嚼や消化や熟成が必要で、成果が出るまでにはタイムラグがあるのです。

どんな学びがいつ芽を出し、どんな実をつけ、どこで花咲くかは事前に分かりません。それゆえ、必要最小限ではなく、最大限学び尽くすしかありません。学び尽くす、ということは、大学教員に教え尽くしてもらわねばなりません。全力を出し尽くしてもらわねばなりません。

専門家を質問攻めに

そのためにどうするか。質問攻めにすればいいのです。

「もっと詳しく教えてください」「それはどういう意味ですか？」「なぜそう言えるのですか？」「他にどんな説や考え方がありますか？」「先生が社会に問い掛けたいことはなんですか？」

大学教員には人見知りがいますが、物知りであることは間違いありません。聞けば聞くほど喜んで教えてくれるでしょう。知識を披露してくれるでしょう。彼らの知識量を侮ってはいけません。

質問攻めは、適度な緊張関係を生みます。そしてそれが、モニタリングの機能を果たしてくれます。

「この学生たちには手抜きできない」。そういったマインドになれば儲けものです。

モニタリングは、相手がちゃんと仕事をしてくれているかのチェックではありますが、ただの点検作業にとどまりません。及第点の仕事を得るためではなく、最良最高の仕事を引き出すための確認行為です。

専門家と相対するときに、専門知識や専門技術を余すところなく引き出そうとするならば、簡単には引き下がらず、食い下がらなくてはいけません。たとえば医療。医者は医療技術の専門家です。医者に勧められた治療で死んでしまっては元も子もない。治療方法について理解や納得ができていないのであれば、納得できるまで聞き尽くさねばなりません。教育も医療に同じです。

教育とは格闘技のようなものです。大学教員も学生も、手を抜こうと思えば抜ける。休講に喜び、楽単に歓喜するのは八百長教育です。教え惜しみと学び惜しみは手抜きの共犯です。

共犯的手抜きが広がるとどうなるか。ファスト・サービスで受け渡す学費と学歴は、見た目は同じでしょうが、その価値は減退し、転げ落ちるでしょう。単位の安売りは大学の安売り。そんな大学を卒業した、自分の安売り。

学び手の側が要求しなければ、大学教員は手抜きすることが可能になります。手抜きされたサービスを受け取り、結局役にも立たず割を食うのは学習者です。

賞味期限切れの食品が使われていたり、肉が生焼けだったり、そんなのは真っ平御免でしょう。店員を呼ぶでしょう。声を上げるでしょう。消費者はチェックを怠ってはいけないのです。消費者は毅然としていなければならないのです。

大学教員の胸を借りるつもりで、堂々と相対すればいいのです。質問攻めにすれば、きっと、良い稽古をつけてくれます。教育とは真剣勝負。こちらがアクションすれば、必ずリアクションは返ってきます。足の引っ張り合いではなく、突っ張り合いが適度な緊張関係を生むはずです。

シラバスに秘められた可能性

それでもどうしても質問攻めはちょっと、という方にオススメの方法は、シラバスの活用です。

前述の通り、シラバスとは授業内容一覧です。受けた講義がシラバス通りでなければ、約束違反だといって大学教員に詰め寄る学生は既におります。もちろん、そうした取り締まりとしてのモニタリングにも活用できなくはないでしょう。声は上げればいいというものではありませんが、大学を、声を上げるための発声練習場と捉え、シラバスを活用して自己防衛のスキルや人を動かすスキルを身につける。そうすれば、社会に出てからも役に立つ場面があるでしょう。

他方、シラバスには、たとえば参考文献も記載されています。これは、その学問分野における入門編です。ということは、応用編が番外編として存在する、ということです。「先生、この科目で参考になる別の本はありますか？」と聞き、その足で図書館に行くこともできるでしょう。

現状、各大学のシラバスはインターネットで誰でも閲覧可能です。「〇〇大学　シラバス」で検索してみてください。すぐにアクセスできるはずです。

しかし、各大学のシラバスが1カ所に集約されているわけではありません。フォーマットもバラバラです。これが共通のプラットフォームに乗れば、とんでもないことになるでしょう。

ここに目をつける起業家がいれば、近い将来、全国の大学のシラバスの共通プラットフォーム化が実現すると思われます。技術面で不可能な理由はありません。

考えられるのは、2つの変化です。

ひとつは、知的財産のストックです。全国のあらゆる講義メニューが一カ所に貯蔵されるということは、今を生きる私たちを利するだけでなく、後世へのプレゼントにもなるでしょう。

社会の知識レベルがどこまで到達していたのか、日本の大学は、学生たちに何を教え、何を教えなかったのか。どんなふうに教え、どんな試行錯誤をしたのか。そうしたことが歴史的にも辿れるようになるのです。

シラバスは、その分野を学んだことがない学生向けに書かねばなりませんから、たとえば大学入学前の高校生など、その分野を学んだことがない人でも活用できるのです。

大学の品質は、開学時の設置認可審査と、その後の7年ごとの認証評価によって管理されています。しかし、これらはいずれも第三者機関のプロによるクオリティ・コントロールで、一般市民からすればブラックボックス。誰が何をチェックし、どのように大学を評価しているのか判然としません。

その点、シラバスは、毎年更新・公開され、一般市民にも分かりやすい。消費者のチェックやチョイスは、生産者を下品にも上品にもします。専門家によるプロフェッショナル・コントロールだけに依存するアンバランスから、一般人によるポピュラー・コントロールによって大学が平衡感覚を取り戻すアイテムになり得るのです。シラバスは、一般市民が大学の品質管理に参加し、大学をチェック&バランスさせる、手軽にして重宝なツールなのです。

私は、日本で初めてシラバスを導入した大学に勤務しているのですが、その導入意図には「学生との約束」という意味が込められていました。

それまでの、時間割とちょっとした科目説明が配布されるだけの大学では、学生への敬意が表明されておらず、また大学側の覚悟も示せていないと考えたのです。講義内容や評価基準が記されたシラバスは、今では多くの大学において、在学生との約束ツールとなり、契約書の役割も果たしています。

同時に、シラバスは「読み物」にもなり得ます。15回分の講義には、テレビドラマのように物語があります。イントロからフィナーレまで、その概要を読むだけで、力のこもった講義の場合は、迫ってくるものがあるのです。書き手と対話している気分にさせてくれるのです。

優れたメニュー表が食欲をそそるように、優れたシラバスは、学習意欲をそそります。

シラバスでウソはつけない

大学のホームページやパンフレットや動画は、その制作に携わっている身ですので痛いほど感じますが、良いことしか載せていません。つまり、ばっちりメイクです。

かつて近畿大学がパンフレットに「美男美女図鑑」を載せたことがネット上で物議を醸しましたが、なんのことはありません。最近の大学のパンフレットはどこもファッション雑誌風で、制作会社も「今の子たちは見やすくて分かりやすくないと読んでくれません」と脅しの勧めをしてきます。

厚化粧は確かに華やかでキレイかもしれませんが、そこに載っているのはキレイゴトにすぎません。

他方、シラバスは、見た目の装飾はほとんどなく、文字情報のみでシンプルです。それでいて、講義の目的・目標・全15回分の概要、成績評価の基準などが網羅されているため、流行語や美辞麗句でメイクアップした粉飾大学の素顔が知れるのです。

つまり、スッピンなのです。誤魔化しができません。ない袖は振れませんから、ウソがつけないのです。

これまで、体質改善に努めずメイクアップ術ばかりお勉強してお茶を濁してきたその場凌ぎ大学は、シラバスをくまなくチェックされると化けの皮が剥がれるでしょう。


ある大学の複数人の教員のシラバスを覗いてみてください。その大学が一貫したポリシーを持っているのか否か、どんなポリシーがあるのかが浮かび上がってきます。

たとえば若者のキャリア観について、上から目線で「教えてやらねばいかん」「大企業に就職すべし」「どこに就職するかは大した問題ではなくとりあえず社会に出ることだ」「転職など御法度。一社で勤め上げよ」「とにかく目標を決めて進歩せよ」といった権威主義的なスタンスなのか。

それとも、人生の寄り道や散歩を許容し、キャリアを自らじっくり考えることを尊重するエスコートのスタンスなのか。チョイスされている単語の傾向から読み取ることができます。

シラバスを読めば読むほど、その大学の教員たちが、ただの個人商店の寄せ集めで、各人が好きな曲を好きなようにがなりたてているだけのカオス集団なのか、オーケストラのように、ある曲を全体で奏でようと努めている交響楽団なのかが分かるのです。烏合の衆よろしく、まとまりのない大学は、一つの大学としては機能しておらず、統合された集合体（ユニバーシティ）ではありません。住人間に交流のある同居ではなく、その場に居合わせているだけの雑居です。

ところで、大学教員には、ファカルティ・ディベロップメント（ＦＤ）という、授業の内容・方法の改善を目的とした研修が義務づけられています。

あるとき、ＦＤの方針を聞かれた組織長の教員が、「私たちは企業経営やビジネスの最前線で活躍しているので、日々最新の知識やマネジメント手法についても享受している。よって、一律で教員の研修を行う必要性を感じない」と答えました。平たくいえば、「間に合ってま〜す」というわけです。

大学設置基準では「組織的な研修」が義務づけられているのに、「個人的な自己研鑽」で事足りるというのは、自分たちには高い運転技術があるから信号無視も構わないと言っているようなものでしょう。単なる専門家の寄せ集め大学の典型であり、組織としての体を成していません。そもそも、ルール違反なのですが。

また、他の委員長を務める教員は、『学生満足度調査』で様々な改善点が学生から指摘されているが、組織としてどう活かすか、という質問に「それぞれの先生が、『これは信念だ』と思っていらっしゃる部分についてまで変更しろとは言えない。基本的には個々人の先生方にお任せしたく、先生方一人ひとりの意識の問題であると考えております。一番大事なのは、それぞれの先生が真摯に受け止め改善に活かしていただくことだと思っております」と、組織長としてはあるまじき非組織的解決策でもって返答しました。

一人ひとりが真摯に受け止めていたら、DVDを流して終わりの授業や前任校のパワポを流用する授業やお菓子を食べて終わるゼミなどないはずです。

ここがヘンだよ大学選び

入学後に出合うのはスッピンの大学なのに、ホームページやパンフレットや動画の情報に踊らされる。

オープンキャンパスに足を運んだところで、良いことしか聞けず、良いところしか見えません。かといって毎日色んな大学の講義を受けるわけにもいかない。

オープンキャンパスにさえ行かずに進学先を決めがちな銘柄大学志望の受験生の場合は特に要注意です。

高校生本人はもちろん、その保護者や担任の先生や進路教諭でも、その大学のシラバスまで受験前に覗いてみた人は少数派でしょう。大学名にはこだわるのに、教員のプロフィールや授業内容はチェックせず、入学後、お子さんが誰のゼミに所属したのかも知らない。そういう方が大半のはずです。これでは「吹きこぼれ」ても仕方ありません。

赤本や模試と血眼になって睨めっこするのもいいですが、シラバスは一見の価値があります。シラバスは、大学の成分表示なのです。

健康に気を遣う人は食品選びで成分表示をチェックするようになりました。栄養素や添加物を確認したり、生産者情報や加工プロセスにまで目を光らせたり、オーガニック食品を選んだり。消費者は、自分で調べ自分で考え判断する、自調自考にシフトしつつあります。

それなのに、大学選びでは相も変わらず偏差値やランキングや見栄やブランドがまかり通っていて、他人のモノサシに寄り掛かっています。肉体の健康には気を遣うのに、頭脳の健康は意に介さない。口から入るものだけ気にして、頭から入るものは無頓着。なんだかヘンテコリンです。

「シラバスなんて意味がないと思っています」

シラバスの共通プラットフォーム化で起きるもうひとつの変化は、大学のレベルアップです。

なぜ、そんなことが起きるのか。それは、日本中の大学のシラバスが一元化されることで、比較検討が可能となり、それによって各大学の切磋琢磨が起動するからです。

ただし、これは注意が必要でもあります。ビジネス界でたまにおられますが、競争させればマーケットはよくなると信じる競争至上主義に陥る危険性です。競争原理は、競争さえただ導入すればうまく機能するものではなく、薬に用法・用量があるように、切磋琢磨によって良い教育が広がる健全な競争でなくては意味がありません。潰し合いや騙し合いや蹴落とし合いでは、有効な教育効果が期待できないからです。

競争に晒されることを嫌ってか、あるベストセラー作家の名誉教授に、こう言われました。

「高部さん、私はね、シラバスなんて意味がないと思っていますよ。教育の本質というのはですね、相手に応じて学生とコミュニケーションを取りながら、その場その場で決断して素材を提供するものなんです。前もって教えることを決めておくなんてありえないことです。学生の能力、興味の持ち方、教室の雰囲気に応じて指導内容も変え、指導方針さえも変えてこそ、教育だと思います。そんなわけで、シラバスは、無意味であり、むしろ自由な教育を邪魔すると思いつつ、教務に尻を叩かれて、いい加減なものを作っています」

教育が事前に完全には決められないことを、私は些《いささ》かも否定するものではありません。しかし、だからといって事前になんの契約も交わさないというのは、大学教育という金銭的にも時間的にも多大なコストを要する投資商品を、説明抜きに買わせる不当行為。悪徳商法同然です。

自分は一流のシェフなんだ。メニュー？　金額表？　そんなもんあるか。「シェフのお任せ」。これが食事の本質だ。こんなふうに仰りたいのでしょう。

ですが、一流シェフと堅物オヤジは紙一重です。そもそも品質を提示されていないのに、「これが教育の本質である」と豪語されても、それが上質かどうかは判定不能です。品質提示なき本質理解の強要は悪質でしょう。

それどころか、せねばならない任務を遂行しない態度は仕事放棄であり、契約違反であり、よくもまあこの名誉教授は恥ずかしげもなく不名誉な手抜きを自白できたものです。

シラバスを作成するという仕事が気に食わないのなら、大学から出て行けばよろしい。不本意で働く背中を見させられる若者たちが不憫です。ご自身で私塾でも開設し、教育の本質とやらを好きなようにご披露されればよろしい。

ただし、この名誉教授だけが特殊なわけではありません。同様の発言はそこかしこで耳にします。お坊ちゃんは縛られるのが嫌ですから、契約が確定的で固定的だと融通性がなくなってやる気を失うのです。あまつさえ、自分が評価され、見える化され、比較されるとなると、籠っていた穴から引き摺り出されそうな気がして忌避するのでしょうか。

手抜きや不届きの予防機能

自分の果たすべき義務は明示しないのに学生の側にだけ明確に義務を求めるという義務の偏在は「片務契約」です。そこには交渉の余地どころか交渉の材料がありません。ただでさえ大学教員の持つ専門性は素人には「よく分からない」代物。情報の非対称性があるから学生には査定できません。「そういうものか」と自分に言い聞かせるしかない。そこに加えて契約書までないとすれば、いよいよ異議申し立てはできないということです。

研究に忙しい先生方は取り合う暇がないのかもしれませんが、学生たちには取り付く島もないのです。

「教育の本質」という検証不能の代物を差し出すということは、交渉材料がないということ。それは、「私の言うことは絶対である」というメッセージ。絶対的存在である私に向かって反論は不可。異議申し立てなど受けつけない。そういうことでしょう。先生による専制です。

このとき、学生が学ぶことは何か。「所属した組織ではボスの言いなりになって目立たず、いい子でいることが望ましい態度」という泣き寝入りの価値です。ベストセラー作家の名誉教授が育てたかったのは、こんなちっぽけで消極的な態度の持ち主だったのでしょうか？ 社会を良くしようという活力が蒸発し、萎縮しきった社会の歯車を育てることが「教育の本質」だったのでしょうか？ 決められた使い道のために工場で生産される部品のように、従順なヒトづくりが大学の社会的使命だとお考えなのでしょうか？

全ての大学教員が素晴らしい講義をしてくれるならば話は別です。ところが、聖人君子どころか猫も杓子も大学教員になっている今、全教員が善教員だという読みはあまりに楽観的。全ての大学教員がモラルハザードを起こさない保証はどこにもありません。

契約違反を追及されたくないがために、そもそも契約していないことにする。そうすれば、あとでなんとでも言い逃れできるから。こんなふうに悪知恵を働かせる大学教員も既にいるのです。単位認定されず不服を申し出た学生に、「だってシラバスに書いてないじゃん？　これを見て君は履修したんでしょ？」と。

教員と学生の両者の合意があればいいじゃないか、と仰るかもしれませんが、それであれば、ＤＶＤを流して終わりの授業やお菓子を食べて終わりのゼミも許容せねばならなくなります。それは、はたして大学教育でしょうか？

こうした手抜きや不届きを未然に防ぐのがシラバスのひとつの機能です。大学は、学生と教員の2者関係で完結せず、社会を含めた3者関係。だからこそ国費が投じられているわけでしょう。

シラバスが持つ役割は、学内向けの契約書機能にとどまりません。オックスフォード大学教授の苅谷剛彦さんの『アメリカの大学・ニッポンの大学――ＴＡ、シラバス、授業評価』（中公新書ラクレ）によれば、シラバスは、「学生による授業評価」だけでなく、「外部からの大学評価の重要な情報源」でもあります。

ところが、日本の大学は、契約意識のない教員のたまり場のようです。残念ながら、こういったセンセイやガクシャが跋扈しているのが日本の大学の現状です。

シラバス反対派には2種類います。本当に面白くてためになる授業を展開する大学教員と、力もなければ心もないのに、面倒な仕事は嫌だからとわがままなだけのお坊ちゃんです。

問題は、教育にやる気のない後者です。成り上がることよりぶら下がることを考える天下り学者や、ビジネスの戦場で疲れて避暑地に来た気分の自称実務家教員や、専門といえば聞こえがいいだけで実際は趣味に籠っているだけのモグラ教員などです。

手はあまり動かさず口ばかり動かす彼らは、動画世代を相手に商売しているのに、ユーチューバーが自分たちのライバルだと認めず、「教育はサービス業ではない」などと強がりや負け惜しみを口にしがちです。

「お客様は神様じゃない！」などと立腹する先生もいますが、動画に慣れた消費者の目は予想以上に肥えており、もてなされることに慣れたお客様によるチェックは想像以上に厳しいものです。

お坊ちゃん教員のクオリティ・コントロールには、やはりなんらかの箍《たが》が必要でしょう。力と心のある先生方には申し訳ないですが、そうした先生方も既にお気づきの通り、無免許運転の大学教員は玉石混交で、少し路上が荒れてきていますから、いくらか交通整理しておきたいというのがシラバスによる品質管理の趣旨です。全教員を免許制にするなどの芸のない悪平等よりはマシではないでしょうか。

シラバス起点の大学改革

大学は誰かの私物ではなく社会の公器です。その大学の機能は研究と教育。なぜ、大学教員は生産活動に従事もせず研究に没頭することが許されているのでしょうか。

それだけではありません。どうして大学教員は、一般の労働者より多額の給与が与えられているのでしょうか。

たとえば医者が高給取りなのは、命に関わる重大な仕事だからでしょう。安かろう悪かろうで信頼できない相手に自分の体は委託できません。

同様に、大学教員に高額報酬が支払われるのは、研究によって社会を発展させたり、社会の暴走をチェック・軌道修正したりするという、これまた重大な仕事が期待されているからではないでしょうか。社会的影響力が大きく、社会的責任が重いからです。

報酬とは別に、優れた学術研究に対して科学研究費補助金（通称：科研費）が支給されるのも、「豊かな社会発展」に寄与すると判定されるときのみ。

ということは、大学が絶滅すれば、社会を監視する役割も消滅することになります。大学を改善するということは、社会を発展させることなのです。

消費者の選択は投票行為であり、主導権を握っているのは消費者です。消費者がどのような判断に基づき、どのような選択をしたとしても、それが投票行為である事実は不動です。たとえば、偏差値やランキングを頼りに選ぶということは、世間が用意した価値基準への賛意を示していることになります。仮に大学に行かない選択肢を採用した場合は、大学自体に価値がないというメッセージを突きつけたことになるでしょう。

その消費者が判断材料にする情報源が変われば、当然大学も変わらざるを得ません。そして、それがシラバスだとすれば、もはや大学は小手先や口先でやり過ごすことはできません。シラバスは「学生との約束」だからです。ない袖を振ることはできないのです。

そうなれば、大学は、ようやく重い腰を上げ、本格的な脱皮に向かうでしょう。是非、気になる大学のシラバスをチェックし、シラバスを起点に、大学を変え、社会を変えてください。難しいことはありません。スーパーで食品を買うときに生産者や成分表示を気にするように、大学を選ぶときにもシラバスを参考にしてもらえばいいのです。「やりたいこと」や「学びたいこと」も事前になくて構いません。シラバスを読み比べていくうちに、自分の興味関心があとから浮かび上がってくるはずです。シラバスを鏡として、未知の自分と遭遇すればいいのです。シラバスを見て集まった仲間は「この指とまれ」ですから、それだけで共通の話題。デジタル時代ですから、入学前から仲間で集まったり、お気に入りの先生のファンクラブのようなものを組織したりして、先生に教えを乞うなんてことも不可能ではありません。

もちろん、皆さんの広大な興味関心を特定のシラバスが満たしてくれることはないでしょう。むしろそこでの気づきは、「何が足りないか」です。どんな栄養が不足しているか、他で補わねばならないか、が分かるのです。

パーフェクトな大学は存在しない

大学に行くということは、自分の好む人間とも好まない人間とも交わるということ。興味のある知識にも興味のない知識にも触れ合うということ。価値観のぶつかり合いを経験するということです。

そうした触れ合いやぶつかり合いといった交差点に、学び合いが隆起するはずです。知識獲得は情報収集とは違います。知見や経験とは、モノではなく構築物だからです。

そのためには、本を眺めるだけでもスマホやPCを見つめるだけでも不十分。記号をいくら暗記しても、生活から断絶していては血肉にならないでしょう。

多種多様な意見や情報に自分を晒すことで、自分自身が人間的に逞しくなることはもちろん、多種多様な人々で社会が構成されていることを知り、また、多種多様な人々に尽くす決意をする。大学は、そのことを学ぶ場でもあるはずです。

高校まで自発的な課外活動をする時間が限られ、生活改善や社会貢献の意味で運動不足気味だった学生の、最後の砦が大学です。社会に出る前に、知的栄養失調を防ぎ、運動不足を改善するラストチャンスです。

大学は、確かにファスト・サービスの拠点となっていますが、自ら動けば、知力と行動力を手にすることはまだ可能でしょう。セルフサービスではありますが。

少なくとも大学は、教員の教員による教員のための場ではありません。

大学には、利用価値が残されています。行く意義がまだあります。しかし、万能ではありません。いつ・誰に・どれだけ用いても効くような万能薬ではありません。用法・用量があります。

大学は確かに最上級の学びを提供してくれる場ではありますが、多くの学生は、特定の大学で興味関心のある学びが完結すると思い込んで進学しています。ショッピング・モールに行けば買い物や食事はもちろん映画まで観られて一日中飽きずに過ごせる、という考えに近いのかもしれません。しかし、それは健康的でしょうか。偏りはないでしょうか。

「東大&京大で一番読まれた」など、帯がリニューアルされ続け、ロングセラーとなっている外山滋比古の『思考の整理学』（ちくま文庫）には、こんな一節があります。

「近代の専門分化、知的分業は、似たもの同士を同じところに集めた。大学の組織は、同一分野の専門家をまとめて単位とし、それに学生を所属させる、学部、学科からなっている。活潑な知的創造にとってきわめて不便な環境と言わなくてはならない。伝統の長い大学、学科ほど、生々した活力が見られにくいのは、インブリーディングの害毒をそれだけつよく受けた結果であろう」

インブリーディングとは遺伝上の問題を引き起こす近親交配のことですが、この本を手に取った多くの大学生は、「読むのが遅かった」と、似た者同士で顔を見合わせながら後悔しているかもしれません。

ファスト・フード店で食事をするだけでは栄養失調になり、ショッピング・モールから一歩も出なければ運動不足になるように、特定の大学にお行儀よく4年間通うだけでは知的栄養失調になりかねません。インスタントなコンテンツだけでは栄養が足りないのです。いくら高学歴で銘柄大学を出ていようと、知識が豊富なだけで知行合一でない人は「論語読みの論語知らず」といわれます。自分の口座にせっせとお金を貯めるように、自己利益のためだけに学ぶ自己完結であれば、大学など行く必要はないでしょう。本を読み動画サービスを視聴して賢くなり、好きなことだけやって、誰とも接することなく稼ぎまくる術を編み出せばいいのです。

知識を身につけたいだけなら、動画共有サイトでも十分です。大学教員より喋りが面白く分かりやすい人などごまんといます。また、ネットで遠方の人ともコミュニケーションは取れますから、学びをフルカスタマイズすることは原理的に可能でしょう。

就職するだけなら、世界中を旅するとか、図書館の本を読破するとか、そういった常人が思いつきはしてもやりそうにない経験を実践し、エピソードとして携えれば、ある程度まで勝負できるでしょう。もちろん、高卒でも就職できます。

アルバイトから正社員にのし上がり、社長に上り詰める人だって現実にはゼロではありません。ブックオフの橋本真由美さんや、吉野家の安部修仁さんや河村泰貴さん、そして、エイチ・アイ・エスの平林朗さんのように。

大学だけが選択肢ではありません。フランスでは、パリ大学のようにリベラルアーツ教育を行う大学とは別に、職業教育を行う高等教育機関・グランゼコールを設けており、企業幹部や学者や歴代大統領を輩出しています。

科学と産業の発展に伴い職業人の養成を求める社会的要求に、既存の大学が応えられず、大学不振によって誕生したのがグランゼコールの起源。大学至上主義と訣別した結果、誕生したのです。

大学というスタイルに何がなんでも固執しなければいけないわけではないのです。人生時間の使い方として、大学に4年間を捧げないといけないわけではない。別に、誰かに命令されたわけでもないでしょう。大学進学は、指示役のいる受動的な服従ではなく、命令者不在の主体的な同調のはずです。

私たちの問題意識や関心事に完全無欠の答えを用意してくれる特定の大学は存在しません。私たちの希望に漏れなく応えてくれるパーフェクト大学は存在しないのです。

海外エリート大学もファスト化

もちろん、そんなことをいっても、実際問題として、日本には大学くらいしか行くところがないじゃないか、大学に行かないと人生が開けないじゃないか、という声があることも承知しています。

大学に行っても確実にイイ仕事に就けるかどうかは分からないが、大学に行かなければその可能性すら摘まれてしまうのだから、「とりあえず大学に行く」。恩恵に与れるかは不確実でも損失回避は確実。合理的な考え方のひとつでしょう。大学に行くなと言いたいわけではありません。

たしかに、日本では教養教育と実用教育が分かれていません。「科学技術」という言葉の通り、真理探究と実践応用は、良くいえばハイブリッド、悪くいえば混同されています。専門学校が実用教育の専門機関と思われがちですが、多くの高校関係者は専門学校を大学より格下だと考えており、学力の低い子が行くものとして進路の選択肢にそもそも入っていません。

となると、教養教育と実用教育をともに請け負う二刀流機関の大学くらいしか進路先はない。二刀流が成功しているのかや、その是非については、議論の分かれるところだとしても。

実は、大学のファスト化は日本だけの現象ではありません。たとえば、『FOREIGN AFFAIRS REPORT』という米国の外交・国際政治専門の雑誌に、「米エリート大学の嘆かわしい現実――失われた人間教育と格差の拡大」という論文が掲載されました（2015年5月号）。

そこには次のような指摘が綴られています。

「アメリカのエリート大学は若者に教養と規律を与える場ではなくなっている。大学は学部生を教える仕事を薄給の非常勤講師に任せる一方で、学生とはほとんど接することのない著名な研究者をリクルートすることに血道をあげている。（中略）この歪んだ構造が教育上の問題だけでなく、政治・社会問題も作り出している」

つまり、海外でも拙速な取り急ぎ大学は増えているのです。

日本の大学の重大な欠陥

ただし、覚えておきたいのは、日本の大学は歴史的にも、完全自由に研究や教育を行える機関ではないということです。

具体的にいえば、国家と距離を置きたくても、その始まりからして国家の傘下に入ることが運命づけられている、ということです。

世界に目を向ければ、大学という存在は、元来国家の監視役を担ってきました。人々の声を代弁してきました。学者は庶民のヒーローであり、大学は国家権力に対する抵抗勢力でもあったのです。

たとえば、アメリカの建国は独立宣言がなされた1776年ですが、アメリカ最古の大学であるハーバード大の設立は1636年。つまり、国家よりも前に大学が設立されています。アメリカだけではありません。G7の先進7カ国で、日本以外は全て同様なのです。世界の大学は民主的に成立したのであり、国家という権威を後ろ盾にして拵《こしら》えられたものではありません。各国にとって大学とは、少なくとも国家の求めによって設立された組織ではないのです。

対する日本の場合、初の大学・東京大学（1877年創設）は、日本が近代国家として船出した明治維新（1868年）のあとに誕生しています。そして、教育を国民に義務化した学制（1872年公布）は富国強兵策の一環であり、帝国大学令（1886年公布）は「国家ノ須要ニ応スル学術技芸」の教授と攻究が目的であることが明記されています。だから、日本において、文部科学省がカネで各大学を釣り、大学教員がオカミに物言えぬ知的臆病者になりがちなのは、ある意味で既定路線。日本の大学はスタートの時点で、重大な欠陥を内蔵していた、ということです。

大学教員が「大学に自治を」「学問の自由を」「大学に自主性と自律性を」などと威勢のいい発言を披露するケースもありますが、日本の大学の歴史的経緯を踏まえれば、並大抵の覚悟では、実行は不可能でしょう。日本の大学は国家を監視するどころか、基本的には国家の方針に従わざるを得ません。世界標準に合わせる義理はないと思いますが、世界事情からすれば、主客が転倒したイレギュラー状態で走り続けていることは間違いありません。

ファスト化する大学。一度味を占めた利便性はなかなか手放せないものです。このまま大学がプラセボ効果で走り続けるのか、はたまた社会の監視役や牽引役の座を取り戻すのか。それは人々の思惑や手腕、すなわち、心と力に委ねられていることでしょう。

しかし、少なくとも、大学人の一挙手一投足、すなわち生き様が、お手本か教訓かを問わず、教材となっていることは間違いありません。

そして、私たち一人ひとりの意思決定が、清いか清くないかを問わず、大学の未来を左右する一票になっていることもまた間違いありません。

社会にとっても個人にとっても、大学しか選択肢がないなんてあり得ないということも、間違いありません。

現場からは、以上です。

あとがき

お読みいただき有難うございました。いかがだったでしょうか。

既に大学を卒業された皆さんは、「え？　今の大学ってそんな感じ？」と驚愕されたかもしれません。現役大学生は「そうだそうだ！」と首肯されたかもしれません。保護者の皆さんは「そんなことなら大学に行かせない方が……」と高額投資を後悔されたでしょうか。

そして、現役大学教員の皆さんは「商売あがったりだ！」とお怒りでしょうか。文部科学省の皆さんは「そこまで赤裸々に言わなくても……」と冷や汗が流れているでしょうか。

目が飛び出そうなビックリ仰天ニュースからざんねんすぎるお知らせまで、本作でご紹介した様々な事例は、私が実際に見聞きしたエピソードではありますが、一面の事実にすぎません。当然、心ある大学教員も、充実した学生生活を送る学生もいます。

しかし、大学に良い思いをしようと悪い思いをしようと、「大学くらい行っておかないと」と思考停止に陥っていることに変わりはありません。

私たちは、大学には色んな顔があるのに、その一面しか見てきませんでした。かく言う私自身も、学生の頃には思いもしなかった日常的事件の数々に、仕事人として大学に入り込んでみて初めて接しました。遠くから見れば綺麗な景色も、近づくとゴミが落ちていたり、ホコリが溜まっていたり。多種多様な大学教員や学生と寝食を共にし、同じ釜の飯を食うことで、見えてくる景色や聞こえてくる本音がありました。

そこで、10年間、大学に在籍する身として、学生と教員というW主演を間近で見てきた実態を現場リポートすることで、「大学って」を考えるきっかけになるのでは、と腕まくりしたのです。嫌なことでも正直に言うのが本物の相方や仲間ですから。

巷に「大学はこうあるべし」「大学はダメダメだ」という声や作品は多いのですが、べき論や文句を言うだけでは酒場の嗜《たしな》みと変わりません。もちろん、「大学がいかに素晴らしいか」という宣伝も、皆さん既に聞き飽きておられるでしょう。

だったら、私自身も学生時代に知る由もなかった大学の実態、すなわち日々起こるあんなことやこんなことを、エンタメ的にご披露することで、大学像がより立体的に、多面的になるのではないか。そのうえで、内部関係者の視点で改善策を提示することで、大学の明日を考える材料をご提供できるのではないか。これが、本作の基本的な着想です。朱に交わり赤く染まるのは楽な道ですが、染まるどころか頭から離れなかった違和感に蓋せず発信したことが、いくらかでも社会貢献に結実すれば幸いです。

無論、「ひとりで書きました」などとお坊ちゃんのような夜郎自大に振る舞うなどもってのほか。

初めてお見せした荒削りな企画書・サンプル原稿の段階から、芽を出すかも分からない微かな可能性に賭け、惜しまず打ち合わせの時間を捻出し、「言い過ぎなくても読者にそう思ってもらえるようなファクトがあればちゃんと伝わります」「私たちが出したいのは、今の高部さんの本です」など、常に忌憚のないご意見で鼓舞してくださった向山学さん。言葉を尽くし、労を惜しまず本作に力を振り向け、「企画書拝見しました。見出しは全部面白いと思いました」「私たちが聞きたいのは他の誰でもなく高部さんの話です」と、厳しくも温かく背中を押していただいた鈴木亮介さん。

アメとムチが巧みな、まるで「先生」のようなお二人による是々非々のツッコミがなければ、そして、及川孝樹さんによる370カ所以上に及ぶきめ細かい手入れがなければ、当初520ページもの量を書いてしまった原稿が、こうして無事に産声を上げ、作品として世に旅立つことはありませんでした。改めて、有難うございました。

大学教員や専門家だけが本を書く発信者で一般庶民は受信者である、という通説や関係性に一石を投じることができれば、望外の喜びです。湯水のように仕事が増える小学館の御三方のもとに、さらに企画書が山のように送られてきたらお叱りを受けるかもしれませんが、性別や年齢、肩書や役職を問わず、各現場を支え、そのリアルを知りながらもウズウズしている黒子作家は、世に沢山眠っていることと思います。あくまで、「個人的見解」ですが。

さいごに、匿名を条件に取材・インタビューに応じてくださった皆さん、度重なる引きこもりを許容してくれた家族に、この場を借りて感謝いたします。

2024年2月

通勤電車にて　高部大問

高部大問［たかべ・だいもん］

1986年、淡路島生まれ。慶應義塾大学、中国留学を経てリクルートに就職。その後、多摩大学の事務職員に転身。1年間の育休経験も踏まえ、教育現場のリアルを執筆・講演活動などで発信している。著書『ドリーム・ハラスメント』（イースト・プレス）は新聞・雑誌・ラジオ・TVで幅広く取り上げられ、海外版も刊行された。

校正／円水社
DTP／ためのり企画
編集／及川 孝樹、鈴木 亮介、向山 学

ファスト・カレッジ
大学全入時代の需要と供給

二〇二四年　四月六日　初版第一刷発行

著者　高部大問
発行人　鶴田祐一
発行所　株式会社小学館
〒一〇一－八〇〇一　東京都千代田区一ツ橋二ノ三ノ一
電話　編集：〇三－三二三〇－九三〇二
販売：〇三－五二八一－三五五五

印刷・製本　中央精版印刷株式会社

Printed in Japan ISBN978-4-09-825472-9